책 쓰기는 비전과 성공을 앞당기어
인생을 바꾸는 유일한 길이다!

이제라도 인생을 바꾸고 싶다면
지금 당장 책을 써야 한다.

내 삶을 바꾸는
책 쓰기

와일드북

와일드북은 한국평생교육원의 출판 브랜드입니다.

내 삶을 바꾸는
책 쓰기

초판 1쇄 인쇄 · 2017년 9월 16일
초판 1쇄 발행 · 2017년 9월 20일

지은이 · 조경애
펴낸이 · 유광선
펴낸곳 · 한국평생교육원
브랜드 · 와일드북
편 집 · 장운갑
디자인 · 이종헌

주 소 · (대전) 대전광역시 서구 계룡로 624 6층
          (서울) 서울시 서초구 서초중앙로 41 대성빌딩 4층
전 화 · (대전) 042-533-9333 / (서울) 02-597-2228
팩 스 · (대전) 0505-403-3331 / (서울) 02-597-2229

등록번호 · 제2015-30호
이메일 · klec2228@gmail.com

ISBN 979-11-88393-02-2 (03320)
책값은 책표지 뒤에 있습니다.
잘못되거나 파본된 책은 구입하신 서점에서 교환해드립니다.

이 도서의 국립중앙도서관 출판예정도서목록(CIP)은 서지정보유통지원시스템 홈페이지
(http://seoji.nl.go.kr)와 국가자료공동목록시스템(http://www.nl.go.kr/kolisnet)에서 이
용하실 수 있습니다.(CIP제어번호: CIP2017022691)

내 삶을 바꾸는
책 쓰기

◆ **조경애** 지음 ◆

와일드북

누구나 책을 쓸 수 있다, 당신의 책을 써야 한다

누구나 삶에서 위기를 맞는 순간이 있다. 하지만 그 위기를 어떻게 대처하느냐에 따라 인생이 달라진다. 나 또한 예외는 아니었다. 그 위기의 순간들을 대처하기보다 피하기만 했다. 그러자 내 인생은 곤두박질치면서 지옥으로 떨어져 고통을 받았다. 그 당시에는 하루하루가 두려움과 공포로 피 말리는 삶의 연속이었다. 그 절대 절명의 위기상황에서 탈출하게 만든 것이 바로 관점의 전환이었다.

삶을 재정립하기 위해 생각의 관점을 바꾸고 책을 멘토로 삼아 생존독서를 하기 시작했다. 독서를 통해 나의 무지를 깨닫고 저자들의 지식과 사상을 배웠다. 또한 그들의 경험을 통해 인생을 배우고 깨달으면서 벤치마킹하며 책 쓰기의 발판을 마련했다.

'내 이름으로 된 책을 쓰고 싶다!'

현재의 암울한 현실에서 벗어나기 위해선 책 쓰기만큼 강력한 것이 없다. 실제로 책을 써서 자신의 한계를 뛰어넘어 1인 기업가로서 성공한 사람들은 얼마든지 있다. 그들은 처음부터 전문가도 아니었고, 성공한 사람도 아닌 평범한 사람이었다. 그런데 책을 썼기 때문에 그 분야의 전문가가 되고 성공한 사람이 되었다.

나 역시 처절하게 책을 읽으면서 의식을 강화했고 책을 쓰면서 인생을 바꿀 수 있는 계기를 만들었다. 그 노력의 결과 현재는 조경애 미래경영연구소 대표, 책쓰기연구소 대표, 국제교육신문 편집위원, 한국평생교육원 책 쓰기 코치, 국제코치연합 책 쓰기 코치로 활동하고 있다. 과거 수배자의 생활을 할 때에는 상상조차 할 수 없는 꿈같은 삶을 살아가고 있다.

이처럼 책 쓰기는 자신뿐만 아니라 사람들의 삶을 바꾸는 강력한 힘을 발휘한다. 그래서 너도나도 책을 쓰기 위해 몰려들고 있다. 그런데 막상 책을 쓰려고 하면 두려워하거나 어떻게 써야 할지 몰라 망설이는 경우를 보게 된다.

이 책은 어떻게 하면 책을 쉽게 쓸 수 있고 삶까지 바꿀 수 있는지 그 방법을 알려줄 것이다. 또한 어떻게 책을 쓰게 되었는지, 책을 쓰면서 경험했던 나만의 노하우와 비법이 고스란히 담겨 있다. 책을 쓰고 난 후에도 책 쓰기 코치를 하면서 상담하고 코칭한 경험과 실전 노하우를 그대로 녹여냈다. 따라서 시중에 나온 다른 이론적인 책 쓰기 책과는 차별성을 두었다.

글쓰기는 책 쓰기와 다르다. 글쓰기는 뛰어난 문장력을 요구하지만 책 쓰기는 하나의 스킬이다. 처음부터 책 쓰기의 스킬을 제대로 배운다면 누구나 쓸 수 있는 것이 책 쓰기다. 거기에 자신의 심혈을 기울여 진정성 있는 책을 쓴다면 반드시 멋진 책이 탄생할 것이다.

지금까지 독서를 통해 인생을 배우고 의식을 확장했다면 이제는 책 쓰기를 통해 인생을 바꾸어 보자. 아직 성공하지 않았다고, 준비되지 않았다고, 스토리가 없다고 망설이는 사람들이 있다. 나는 이런 사람들에게 자신 있게 말하고 싶다.

"나도 썼으니 당신도 쓸 수 있다. 누구에게나 스토리는 있으니까."

책을 써서 내 인생이 바뀌었듯이 당신도 더 이상 망설이지 말고 책 쓰기에 도전하자. 당신이 쓰는 저서 한 권이 당신의 삶을 업그레이드 시켜줄 것이다. 책 쓰기는 내 삶을 바꾸는 유일한 길이니까.

조경애

차 례 CONTENTS

들어가며 누구나 책을 쓸 수 있다, 당신의 책을 써야 한다 _ 4

1장 인생을 바꾸는 책 쓰기

1 의식의 확장 _ 13

2 책을 쓰면 인생이 달라진다 _ 20

3 책 쓰기는 하나의 기술이자 프로세서다 _ 28

4 책 쓰기가 쉬워지는 5가지 습관 _ 35

5 평범한 사람일수록 책을 써야 한다 _ 42

6 현직에 있을 때 책을 쓰자 _ 49

7 진짜 공부는 책 쓰기다 _ 56

8 세상은 당신의 스토리를 기다린다 _ 62

2장 최고의 스펙은 자신의 저서이다

1 저서는 최고의 스펙이다 _ 71

2 인풋 자기계발을 아웃풋 자기계발로 바꾸자 _ 76

3 생애 최고의 학위인 저서 _ 83

4 박사학위보다 빛나는 저서 _ 89

5 왜 성공한 사람들은 책 쓰기에 집착할까 _ 95

6 내가 원하는 삶을 살아야 한다 _ 102

7 최고의 마케팅은 책 쓰기이다 _ 108

8 책 쓰기는 나를 알리는 최고의 무기이다 _ 114

3장 누구나 쉽게 쓸 수 있는 책 쓰기 실전 노하우

1 어떤 책을 써야 하는가 _ 123

2 독자의 니즈를 파악해야 한다 _ 129

3 매력적이고 섹시한 제목으로 시선을 끌어야 한다 _ 136

4 경쟁도서와 참고도서를 분석해야 한다 _ 143

5 세련되고 임팩트 있는 목차를 뽑아야 한다 _ 150

6 책을 끝까지 쓸 수 있는 저력은 출간계획서에 있다 _ 157

7 책의 퀄리티는 사례에 있다 _ 163

8 반드시 체크해야 할 5가지 책 쓰기 기술 _ 169

4장 위대한 고쳐 쓰기

1 초고는 2개월 안에 완성하자 _ 177

2 초고 완성날짜를 선언하자 _ 181

3 위대한 고쳐 쓰기 _ 184

4 베스트셀러는 거듭되는 수정과정을 통해 탄생한다 _ 189

5 출판사가 거절할 수 없는 출간제안서를 쓰자 _ 193

6 내 원고와 계약하는 출판사는 한 군데뿐이다 _ 198

7 나만의 원칙을 세워 당당하게 계약하자 _ 204

5장 책 쓰기는 삶의 완성이다

1 생존 독서에서 생존 책 쓰기로 업그레이드하자 _ 213

2 저서는 가장 확실한 은퇴자본이다 _ 220

3 인생이 눈부시게 달라지는 책 쓰기 _ 226

4 삶을 완성하는 책 쓰기 _ 232

5 지식과 경험을 전하는 메신저의 삶을 살자 _ 238

6 프로 강사로 성공하려면 책을 쓰자 _ 245

7 직장인, 승진에 미련 두지 말고 책 쓰기로 1인 창업하자 _ 252

8 작가, 코치, 강연가로 인생 2막을 살자 _ 258

인생을
바꾸는
책 쓰기

1

의식의 확장

지금으로부터 7년 전의 일이다. 2010년 추운 겨울 어느 날, 나에게도 기적 같은 일이 일어났다. 당시 지인의 사기로 인한 누명을 쓴 채 거의 5년 동안 수배자로 도망 다니고 있던 중이었다. 그런 생활을 종지부 찍게 만든 무죄판결이 선고되었던 것이다. 수많은 세월 동안 도망자로 비참한 인생을 살아야 했던 나에게도 희망이 찾아온 날이었다. 나는 자유를 찾았다는 마음에 자신도 모르게 기쁨의 눈물을 훔쳤다. 하지만 지금까지 겪은 통한의 세월을 생각하니 후회의 눈물도 감출 수 없었다. 이렇게 무죄로 밝혀져서 가슴이 '뻥' 뚫리는 것을 그동안 두려워 피하기만 했었다. 나의 무지로 인해 겪지 않아도 될 고통까지 뼈저리게 겪은 세월이 너무나 가슴 아팠던 것이다.

과거 나는 세상을 바라보는 눈이 없었고 판단력도 부족했다. 열심히 노력은 했지만 항상 성공을 눈앞에 두고 주저앉았다. 대학생 때는 손해사정인 시험에 실패했고, 대학원 때는 교수라는 꿈을 가졌지만 한계에 부딪혔다. 모든 것을 체념하고 결혼이라는 현실로 도망쳤지만 이 또한 실패했다.

어린 자식과 생이별하자 아이가 눈앞에 아른거려 정신을 차릴 수 없었다. 방황하는 시간이 길어지면서 엄마 집에서도 쫓겨났다. 그래도 정신을 차리지 못하니 오빠 집에서도 쫓겨나 그제야 정신을 차리게 되었다.

이성을 찾게 되면서 아이 생각을 잊을 수 있으면서도 잘할 수 있는 일이 무엇인지 생각했다. 그리하여 결혼하기 전 학원 강사로서 아이들을 가르쳤던 경험이 있었기에 학원 강사로 취업을 했지만 나이 제한으로 오래 버티기 어려웠다.

30대 초반의 나로서는 직장이 아닌 평생 직업을 만들기 위해서 학원을 운영하기로 결심했다. 마지막이라는 절박한 심정으로 안으로는 내실을 다지고 밖으로는 학부모님들과 친분을 쌓아나갔다. 틈이 날 때마다 가가호호 방문하며 원생을 모집했다. 저녁에는 전단지를 수백 장씩 만들어 새벽까지 동네 골목마다 붙이면서 돌아다녔다. 이런 노력은 점점 효과가 나타나더니 결실을 맺기 시작했다. 처음 열댓 명밖에 안 되던 원생들이 마침내 100명이 넘는 학원으로 성장시켜 나갔다.

원생 수가 늘어나자 조그마한 학원에서는 이들을 수용하기 힘들 정도였다. 따라서 학원 이전을 계획하게 되었고 그런 나에게 유혹의 그림자가 다가왔다. 마치 에덴 동산에서 이브가 뱀의 유혹에 넘어갔던 것처럼 지인의 달콤한 속임수에 빠져들었던 것이다. 결국 나에게 돌아온 것은 지인의 배신과 함께 각종 채무와 수배자라는 딱지뿐이었다.

지인의 계획적인 배신은 이제 모든 것을 잃고 말았다. 잘나가는 학원은 남의 손으로 넘어갔고 보금자리였던 집은 수많은 압류와 가압류가 붙었다. 각종 보험과 적금, 예금까지 차압이 들어왔다.

갑자기 불어 닥친 위기에 정신도 차리지 못한 채 나는 도망 다니는 수배자가 되었다. 한순간 잘못된 선택에 의해 내 삶은 송두리째 진흙탕 속에 빠져 들고 말았던 것이다.

우선 입을 수 있는 옷가지만 챙겨 아무도 찾지 않는 산꼭대기 집에 꼭꼭 숨었다. 겨우 곡기만 연명한 채 하루 종일 머리만 쥐어뜯고 끙끙대고 있었다. 평생 처음으로 끊이지 않는 두려움의 공포가 어떤 것인지를 느꼈다.

지금까지 겪었던 시련과 역경으로 인해 많은 방황을 했었지만 지금의 생활은 방황이 아니라 '나의 삶' 자체를 두려움과 공포로 채워 넣었다. 하루하루가 피 말리는 삶의 연속이었다. 두려움과 고통이 지속되니 내 영혼과 육체는 피폐해지고 메말라갔고, 더 이상 세상 사람들과 섞일 수 없다고 생각했다. 어느 순간 이성적 기능이 마비되면서 무기력한 잉여 인간이 되어 있었다.

어떤 사람이든 두려움이 극에 달하면 서서히 자신을 옥죄어 혼미상태로 이끌어 간다. 마치 수렁의 늪에 빠졌을 때 탈출하고자 발버둥 치면 칠수록 점점 더 빨려드는 것과 같다. 나는 그 절망의 늪에 빠져 허우적대며 밤낮으로 두려움과 공포에 떨며 스스로를 학대하고 있었다.

그 절대 절명의 위기상황을 맞이한 '나 자신'을 바라보니 한마디로 처참했다. 아무리 실패해도 오뚝이처럼 일어서기를 반복했던 나였다. 그런데 이런 극한상황은 좀처럼 이겨낼 수 없었다. 지금까지 겪은 그 어떤 역경보다 나를 압박하며 옥죄어 왔다. 두려움에 떨면서 고통에 몸부림치고 자신을 학대하는 인생의 낙오자인 '나 자신'을 보았던 것이다.

누구나 살면서 위기를 맞을 수는 있지만 그 위기를 어떻게 대처하느냐에 따라 인생이 달라질 것이다. 남녀노소를 불문하고 위기상황을 맞으면 두려움을 느낄 수 있다. 이런 두려움은 삶의 무력감을 주지만 다시 일어설 수 있는 원동력을 주기도 한다. 어떻게 살아갈 것인지는 각자가 어떻게 행동하느냐에 달려 있다.

나는 끝없이 지옥으로 떨어지는 삶 속에서 무기력함과 비참함을 느꼈다. 그러나 절망 속에서도 끝까지 포기할 수 없었기에 그 바닥을 치고 다시 올라설 수 있었던 것이다. 물론 처음에는 분노의 감정이 솟구쳐 자신을 주체할 수 없었다. 그 분노가 서서히 가라앉게 되자 두려움이 이어졌다. 그 두려움으로 인해 아무것도 할 수 없는 자신에 대한 무기력함과 절망감에 빠져 허우적거렸다.

모든 것들이 한순간에 사라졌기에 당장 먹고 사는 문제를 해결해야 했다. 그런데 수배자라는 딱지 때문에 떳떳하게 직장에 다닐 수

16

없었다. 살기 위해서는 신분을 드러내지 않고 일을 할 수 있는 식당이나 허드렛일밖에 없었다. 이런 일자리조차도 월급을 제대로 받지 못했던 적이 많았다.

그때 나는 외국인 불법 노동자들의 아픔을 이해할 수 있었다. 그들은 열심히 일을 해도 월급을 떼이는 경우가 많았다. 악덕 고용주들은 이런 불법노동자들을 이용하기도 했다. 언론에서도 심심치 않게 보도되는 일이다. 고용주들은 몇 달씩 일을 시키고 월급을 주지 않기 위해 불법노동자들을 경찰에 신고하기도 했다.

당시의 나는 그들의 아픔이 곧 나의 아픔이 되었다. 나 또한 경찰을 보면 피해야 했고 검문이 나오면 월급을 받지 못하고 그만두어야 했다. 그야말로 내 삶은 도피생활로 얼룩져 아무것도 할 수 없었다.

수배자생활은 말로 표현할 수 없을 정도로 비참했지만 '목구멍이 포도청'이라 무엇이든 해야 했다. 그 세월 동안은 자존감은 물론이고 내 존재자체도 사라지게 했던 생활이었다. 되돌아보면 정말 안타까운 일이었다. 나에게 작은 용기라도 있었으면 그렇게 두려움에 떨지 않았을 것이다. 그렇다면 그 두려움은 어디에서 오는 것일까? 그건 바로 나의 무지에서 오는 것이었다. 무지했기 때문에 두려워 망설였고 그 망설임이 나를 무기력하게 만들었다. 문제를 해결하기보다 문제 속에 파묻혀 헤어나지 못하고 세월을 낭비했던 것이다.

지금까지 나는 열심히 노력하면 잘사는 줄 알았다. 그래서 앞만 보고 열심히 달렸지만 내 눈앞에 펼쳐진 것은 벼랑에서 떨어진 나 자신이었다. 노력의 보상으로 만들어진 천국 같은 생활이 아닌 악마가 이 끈 지옥 같은 생활이었다. 내가 이렇게까지 힘들게 산 이유는 무엇이었을까? 인생을 돌이켜보니 이 모든 것도 역시 무지 때문이었다. 무지로 인한 어리석음으로 올바른 판단을 할 수 없었다. 잘못된 선택으로 인해 인생을 송두리째 절망 속에 빠뜨렸다. 그 고통스러운 생활을 하면서도 자수할 용기를 내지 못하고 오랜 세월동안 망설이기만 했다. 결국 죽음의 문 앞까지 가서야 비로소 깨닫게 되었다. 두려워 망설이는 시간이 길어지면 길어질수록 고통의 시간도 길어진다는 것을. 이제는 모든 짐을 내려놓고 피하지 않고 나아가기로 했다.

더 이상 힘든 인생이 아닌 새로운 인생, 행복한 인생을 살고 싶었다. 그러기 위해서는 나의 무지를 깨우쳐 올바른 선택을 해야 했다. 우리의 인생은 항상 선택의 갈림길이다. 그 선택의 갈림길에서 옳은 판단을 하기 위해서는 항상 자신을 갈고 닦아야 한다. 만약 자신에게 기회가 왔는데 준비가 되어 있지 않다면 그 기회를 잡을 수 없다. 책을 통해 지식을 배우고 지혜를 익히며 통찰력을 키워나가야 한다. 나는 그러한 준비를 하지 않았기에 어리석은 판단을 했던 것이다. 이제 다시는 그런 선택을 하지 않기 위해 무지를 깨우쳐야 했다. 그 무지를 깨우치기 위해 책을 선택했다. 도서관에서 3년 동안 책과 함께 동고동락을 하며 선인들의 가르침을 받았다. 그러자 의식이 확장되면서 무지에서 오는 두려움도 사라지기 시작했다.

누구나 살면서 위기를 맞을 수는 있지만 그 위기를 어떻게 대처하느냐에 따라 인생이 달라질 것이다. 남녀노소를 불문하고 위기상황을 맞으면 두려움을 느낄 수 있다. 이런 두려움은 삶의 무력감을 주지만 다시 일어설 수 있는 원동력을 주기도 한다. 어떻게 살아갈 것인지는 각자가 어떻게 행동하느냐에 달려 있다.

책을 쓰면 인생이 달라진다

과거 수배자 생활을 할 때는 떳떳하게 직장생활을 하는 사람들이 부러웠다. 무죄를 선고받고 자동차 운전학원에 취업하게 되자 설레임 반, 두려움 반이었지만 직장생활에 적응하기 위해 누구보다 열심히 노력했고 열정적으로 가르쳤다. 학원생활이 어느 정도 적응되자 두려움과 함께 설레임은 사라졌지만 호기심으로 가득했던 직장생활은 어느새 평범한 일상이 되었다. 사실 자동차 운전학원은 특별한 능력이 필요하지 않았다. 특별한 능력보다 기능강사 자격증만 있으면 누구나 가능한 일이다.

비록 월급은 적었지만 평생직장이라고 생각했기에 노후걱정은 하지 않았다. 하지만 매일같이 반복되는 단순한 생활에 서서히 삶이 무료해져 가고 있었다. 한 해, 두 해 지나면서 점점 더 삶이 무기력해지기 시작했던 것이다.

이 위기를 극복하고자 퇴근 후, 자기계발을 위해 컴퓨터를 배우러 다녔다. 처음에는 컴퓨터 기초를 비롯해 포토샵, 플래시 등을 배웠다. 어느 정도 익숙해지면서 웹디자인 기능사, 컴퓨터그래픽스 운용기능사에 도전했고 이론시험에 합격했다. 실기시험을 대비하고자 교재를 사기 위해 서점에 들렀다.

그곳에는 각각의 책들이 자신의 색깔과 향내를 풍기면서 화려한 자태를 뽐내고 있었다. 그중에서 웹디자인 기능사, 컴퓨터그래픽스 운용기능사의 실기 책 두 권을 구매했다. 그런데 다른 책들의 속삭임에 매혹되어 집어든 것이 법정 스님의 이야기를 다룬 《무소유》였다. 그 자리에서 읽기 시작했지만 마감시간 때문에 다 읽지는 못했다. 그때부터 시간이 날 때마다 서점에 가서 책을 읽거나 구매해서 읽었다.

그 당시 나는 인터넷을 이용해 옥션이나 지마켓에 물건을 올리면서 판매했다. 그러나 퇴근 후, 컴퓨터를 배우며 물건판매에 집중하다 보니 자연히 책과는 멀어지게 되었다. 또한 처음에는 호기심과 재미로 시작한 인터넷 판매도 재고가 쌓여가자 그만둘 수밖에 없었다.

다시 의미 없는 직장생활이 이어지면서 삶의 의욕을 잃어가고 있을 때였다.

안정적이라고 생각했던 직장생활이 갑자기 구조조정의 칼바람 아래 휩싸이게 되었다. 그러자 사이가 좋던 동료들은 서로 눈치를 보며 경계하기 시작했다. 정년퇴직이 없던 학원이었지만 우선 70대부터 시작하여 60대까지 감원시켰다. 곧이어 정년퇴직을 55세로 규정 짓고 그 이상은 모두 감원대상이 되었다.

나는 '평생직장이라고 생각했던 회사에서 과연 얼마나 다닐 수 있을까? 앞으로 5년, 10년 아니면 기약 없는 불경기에 학원이 얼마나 지탱할 수 있을까?'라는 생각이 들었다. 미래의 내 모습을 그려보니 희망은 보이지 않고 먹구름만 보였다.

그동안 단순한 노동에 적은 월급이지만 평생직장이라고 생각했기에 견디며 다녔다. 회의적인 직장생활이었지만 노후가 보장되었으니 스스로를 위로했던 것이다. 그런 회사가 이제는 무기력한 직원들에게 사정없이 칼날을 휘두르고 있었다. 더 이상 목숨을 연명하기 위해 미래가 없는 삶을 살 수 없었다. 그리하여 비록 당장은 힘들지만 미래를 위해서 미련 없이 사표를 던졌다.

그러나 새로운 인생을 위해 무엇을 해야 할지 알지 못했다. 그나마 멘토가 없는 내가 기댈 수 있는 것은 오직 책밖에 없었다. 그동안 지식이 없었기에 지혜를 사용할 수 없었고 통찰력도 부족했다. 멀리 보지 못했고 깊이 생각할 수 없어 항상 두렵고 불안했다. 이런 부족한 지식을 채워나가며 눈을 뜨고 귀를 열게 해주었던 것이 바로 책이었다.

책은 나에게 훌륭한 멘토였고, 한 줄기 빛이었다.

나는 다시 서점으로 가서 책을 읽기 시작했다. 자리가 없는 경우에는 서서 읽거나 구석에 앉아서 마감시간을 알릴 때까지 읽었다.

필요한 책은 몇 권씩 구매해 집에서도 틈이 날 때마다 읽었다. 책을 읽으면 읽을수록 더욱 더 부족함을 느꼈고 읽어야 할 책도 많다는 것을 알게 되었다. 그러나 계속해서 많은 책을 사서 읽기에는 어렵다는 생각에 서점에서 도서관으로 발길을 돌렸다.

도서관에 들어서자 감회가 새로웠다. 책장에는 수만 권의 책들이 나를 반기며 자신을 선택해 달라고 했다. 하지만 형형색색으로 이어지는 책의 자태에 매혹되어 어떤 책을 선택해야 할지 몰랐다. 무작정 뛰어든 처음 몇 개월 동안은 매혹적인 책으로 인해 좌충우돌했다. 그동안 책과 담을 쌓았기에 남들이 쉽게 아는 책들도 읽지 못했던 것이다.

처음에는 책을 읽기가 힘들었다. 읽어도 이해가 되지 않거나 기억이 나지 않았다. 무엇보다 중요한 것은 시간이 오래 걸렸다. 다른 사람들은 보통 3~4시간이면 한 권을 읽는다고 했지만 나는 하루 종일 걸렸다. 두꺼운 책과 어려운 책은 한 권을 읽는 데 며칠이 걸린 적도 많았다.

그리하여 어려운 인문학이나 철학책보다는 인기 있는 베스트셀러 위주로 읽기 시작했다. 백지나 다름없는 나를 지식으로 채우고 싶어 정신없이 읽었다. 하나의 책을 읽으면 그 속에서 다른 책들을 소개해 주었다. 그러면 그 책들의 내용도 궁금해서 바로 읽어야 했다. 더 빨리, 더 많이 읽고 싶어 오로지 읽기만 했던 것이다. 이에 답장이라도 하듯 책은 나에게 알지 못하는 지식을 차곡차곡 채워 넣어 주었다. 책은 나에게 가려운 곳을 긁어주듯이 부드럽게 속삭이며 조언까지 해주었다.

　그런데 어느 순간 열정적으로 읽었던 책의 내용이 기억나지 않았다. 그때서야 나는 오로지 책만 읽었다는 것을 깨닫게 되었다.

　책은 더 빨리, 더 많이 읽는 것이 목적이 아니라 한 권을 읽더라도 제대로 읽어야 한다는 것을······.

　반드시 많은 양의 독서가 무조건 유익한 것은 아니다. 그런데 나는 더 많은 권수를 채우기에만 집중했던 것이다. 수백 권, 수천 권의 책을 읽어도 배우는 것이 없고 남는 것이 없다면 소용없다. 차라리 1권의 책을 읽어도 폭넓고 깊이 있는 독서를 해야 하는 것이다.

　책을 읽으면서 중요한 글귀는 밑줄을 긋거나 별표를 치고, 감명 깊은 문구는 형광펜으로 긋거나 포스트잇을 붙인다. 다시 보고 싶은 문구가 있는 페이지는 귀퉁이를 접어 표시한다. 메모할 내용이 있으면 별도로 노트를 사용하기보다 책의 여백에 적어 넣는다. 이런 습관으로 독서를 한다면 책 속에 깃들어 있는 진정한 보물을 내 것으로 만들 수 있다. 그러면 굳었던 뇌는 자극받아 활성화되고 사고력이 팽창해서 의식이 확장된다.

　지인 중 한 사람은 하루에 4~5권 정도의 책을 읽을 정도로 독서광이다. 그녀는 도서관에서 자원봉사를 하며 도서대출 관련 일을 하고 있었다. 오랫동안 도서관에 있던 나는 자연히 그녀를 알게 되었다. 그녀는 책을 대여해주고 반납된 도서를 정리하는 외에는 줄곧 책만 읽었다. 퇴근을 할 때는 항상 4~5권 정도의 책을 빌려갔다. 하지만 그 책을 다 읽고 반납하면서 다시 그만큼의 책을 빌려가곤 했다. 그렇다고 그녀가 나처럼 하루 종일 책만 읽는 것도 아니었다. 자신이 하고 싶은 것은 모두 하는 사람이었다. 매일 아침 수영을 하고 좋아하는 그림도 배우면서 자신의 삶을 즐겼다. 틈틈이 자투리 시간을 이용해 책을 읽으면서도 그 많은 책을 모두 읽었다.

나는 하루 종일 읽어도 그렇게 빨리 많은 책을 읽지 못했다. 지인의 독서 실력이 부러워 책을 빨리 읽는 비결을 물었다. 그 많은 책을 하루 만에 읽는다는 것이 도무지 상상이 가지 않았기 때문이다.

그녀는 나에게 '언니는 책을 읽을 때 교과서처럼 파고들며 공부하는 것처럼 책을 읽어요. 그렇게 읽으면 속도가 느릴 수밖에 없어요.'라고 말했다. 그리고 자신은 1~2시간이면 책 한 권은 거뜬하게 읽는다고 덧붙였다.

나는 한동안 그녀를 부러워하면서 책 읽는 속도가 나지 않는 자신이 답답하기만 했다. 그런데 우연히 자신이 읽은 책의 내용을 거의 기억하지 못하는 그녀를 발견했다. 물론 누구라도 책을 덮으면 모두 기억하는 사람은 거의 없다. 그러나 전혀 기억이 나지 않는다는 것도 믿기 어려울 정도였다.

다시 한 번 나의 어리석음을 깨닫게 되었다. 무조건 책을 빨리 읽는다고 좋은 것은 아니라는 것을…….

한 권의 책을 읽더라도 자신에게 감동을 주거나 깨달음을 얻으면 된다. 깊이 있는 독서로 서서히 양을 축적해 나가는 것이 진정한 독서인 것이다. 이런 독서야말로 지식과 지혜를 넘어 상상도 할 수 없을 만큼 사고력이 확장된다. 이것이 바로 생각의 흐름이다. 나는 책을 통해 지식을 습득하고 저자의 생각을 통해 나의 생각을 가질 수 있었다. 저자의 삶을 통해 강한 동기부여를 일으켜 책까지 써서 인생을 바꿀 수 있었다.

깊이 있는 독서를 통해 의식수준이 높은 사람은 생각이 깊고 큰 그림을 그릴 수 있다. 그래서 불안한 미래를 대처해서 자신의 파이프라인을 구축해 나간다. 그러나 아무리 많은 책을 읽더라도 단순히 읽는 것에 그친다면 인생을 개척하기 어렵다. 물론 의식의 변화로 조금은 바뀔 수는 있지만 인생이 바뀌지는 않는다.

이제는 인생을 바꾸기 위해서는 바보처럼 무조건 책만 읽어서는 안 된다.

인생을 바꿀 수 있는 가장 빠른 방법은 바로 자신의 스토리를 토대로 한 권의 책을 쓰는 것이다. 책을 쓰면 먼저 주변이 바뀌고 자신의 환경이 바뀌면서 인생이 달라지는 것을 경험하게 될 것이다. 대부분의 사람들이 책을 읽어도 책을 쓰지 않기 때문에 인생이 좀처럼 바뀌지 않는다.

우리 주위에도 책을 읽는 독자는 많지만 책을 쓰는 저자는 보기 힘들다. 책만 읽는 사람과 책을 쓰는 사람은 인생이 변화하는 속도가 달라질 수밖에 없다. 책만 읽는 사람은 5년 후, 10년 후가 어제와 다를 바 없다. 하지만 책을 쓰게 된다면 어제와 다른 오늘, 오늘과 다른 내일을 살 수 있다.

인생을 바꿀 수 있는 가장 빠른 방법은 바로 자신의 스토리를 토대로 한 권의 책을 쓰는 것이다. 책을 쓰면 먼저 주변이 바뀌고 자신의 환경이 바뀌면서 인생이 달라지는 것을 경험하게 될 것이다.

3
책 쓰기는 하나의 기술이자 프로세서다

"몇 년 전부터 책을 쓰고 싶었지만 실천하지 못했어요. 책도 많이 읽지 못했고 문장력도 없는데 과연 책을 쓸 수 있을까요?"

"현장 일을 하는 45세 H라고 합니다. 책 한 권 쓰는 것이 저의 꿈입니다. 죽기 전에 한 권 쓸 수 있을까요?

많은 독자들이 메일을 보내거나 전화 또는 직접 찾아와서 상담을 요청하기도 한다. 그들은 책을 쓰고 싶었지만 현실의 상황 때문에 용기를 내지 못했다. 하지만 그 꿈은 하나의 바람으로 남아 있었다. 나는 그들에게 책을 쓰고 싶었지만 쓰지 못하게 된 궁극적인 이유를 물었다. 그들은 여러 가지 이유가 있었지만 가장 큰 이유를 문장력이라고 말했다.

"작가는 타고난 소질이 있어야 하는데 글 쓰는 능력이 없습니다."

"저는 글쓰기를 한 번도 배워 본 적이 없습니다."

이처럼 사람들은 책 쓰기와 글쓰기를 혼동하고 있었다. 책을 쓰고 싶지만 능력이 없기에 자신의 영역 밖이라고 생각한다. 즉 뛰어난 문장력이 있거나 글 쓰는 실력이 좋아야 책을 쓸 수 있다고 생각하는 것이다. 책 쓰기를 단지 마음으로만 간직하다 죽기 전에 자서전을 내고 싶어 하는 바람뿐이었다.

최근에 은퇴자들 사이에 자서전 열풍이 불고 있는 이유 또한 그 때문이기도 하다. 사람들은 평생 책 한 권 쓰는 것이 소원이지만 쉽게 접근하기 어려운 것이 바로 책 쓰기다.

대부분의 사람들은 저자라면 무조건 학력이 좋고 타고난 능력 때문에 글을 잘 쓴다고 생각한다. 절대 그렇지 않다.

필자는 상업고등학교를 나왔고, 대학도 글쓰기와 전혀 관계없는 회계학을 전공했다. 책도 많이 읽지 못했고 글쓰기에 타고난 소질이 있는 것도 아니었다. 문장 하나 쓰는 것도 힘들었기에 책 쓰기는 상상조차 하지 못했다. 그런 내가 책을 써냈으니 당신도 얼마든지 쓸 수 있다. 어떻게?

책 쓰기는 기술이다. 하나의 프로세스만 알면 누구나 가능하다. 즉 책 쓰기와 글쓰기는 다르다는 말이다. 책을 쓰기 위해서는 글쓰기가 필요할 수 있다. 문법과 문장력이 뛰어나고 어휘력까지 풍부하다면 책을 쓰기 위한 좋은 조건을 갖추었다.

하지만 책을 쓰기 위해서는 이런 조건이 반드시 필요한 것은 아니다. 이런 조건이 없더라도 책은 얼마든지 쓸 수 있다. 사실 글쓰기를 배우지 않아도 책을 쓰는 사람들이 많이 있다. 오히려 글쓰기 과정만 배워서 책을 쓰는 것이 더 어려울 수 있다. 물론 하나의 주제로 작은 제목에 관련된 내용 정도는 쓸 수 있을 것이다. 그러나 목차를 만들고 그에 관련된 수많은 자료를 찾아 원고를 써내려가는 과정은 어려운 일이다.

또한 글쓰기를 배우는 사람들은 문학적인 작품을 쓰고 싶어 한다. 문장력이 뛰어나고 어휘력이 풍부한 시나 소설을 쓰고 싶은 사람들이 대부분이다. 그런데 여기서 말하는 책 쓰기는 신춘문예 당선을 위한 문학작품을 쓰는 것이 아니다. 내 지식과 생각, 경험을 바탕으로 메시지를 만들고, 그에 맞는 사례로 뒷받침해서 독자가 쉽게 공감할 수 있는 글을 쓰는 것이다. 《책 쓰기의 모든 것》에서 송숙희 작가는 이렇게 말했다.

"당신의 책을 한 권 써내는 데 필요한 문장력은 상상력과 감수성, 실감나는 표현력으로 무장한 문학적 글쓰기가 아니다. 당신이 전하려는 메시지를 독자가 받아들이기 쉽게 간단명료하면 된다. 아름다운 문장이 아니어도 상관없다. 이치에 맞는, 말이 되는 문장이면 그뿐이다."

그녀의 말처럼 대중서는 문학작품이 아니기에 뛰어난 문장력을 요구하는 것이 아니다. 자신이 말하고자 하는 메시지나 주제가 쉽고 명확하게 드러나도록 쓰면 된다. 내 이야기와 메시지가 담긴 글을 한 권 분량의 책으로 담아내면 되는 것이다. 자신이 말하는 메시지를 사례와 함께 음식재료를 버무리듯이 잘 배합한다면 멋진 책 쓰기가 된다.

관점을 바꾸면 인생이 달라지듯이 책 쓰기에 있어서도 관점을 바꾸어야 한다. 생각의 관점을 바꾸면 고정된 틀이 깨어지며 다음 단계로 나아갈 수 있다. 그러면 책 쓰기는 글쓰기의 능력문제가 아니라는 것을 알게 될 것이다. 글재주가 없어 책을 쓰지 못한다는 편견부터 깨뜨려야 한다. 그런 고정된 편견을 가지면 책을 쓰기 어렵다. 이는 자신의 틀에 갇혀 세상을 바로 볼 수 없는 것과 같은 이치다. 문장력이 부족해도, 국문과 출신이 아니어도 책을 쓸 수 있는 이유는 여러 가지 있다.

그 이유로는 다음을 들 수 있다.

첫째, 원고를 쓰다 오탈자가 나거나 문맥이 이상하면 한글프로그램에서 자체적으로 빨간 줄이 생긴다. 이것만으로도 기본적인 수정은 할 수 있다.

둘째, 완성된 초고는 F8을 클릭해서 전체적으로 점검하면 된다.

셋째, 완성된 원고는 출판사에서 오탈자와 문맥처리 등 교정교열을 통해 점검한다. 이때 교정교열을 보는 사람은 전문적으로 문법과 문장을 처리하는 국문과 출신이다.

넷째, 출판사는 완벽한 문장력보다 원고의 주제, 콘셉트 위주로 원고를 채택한다.

다섯째, 책 쓰기는 뛰어난 문장력보다 자신의 메시지와 사례를 적절하게 배치한다. 따라서 공감 있는 스토리로 독자들에게 재미있고 술술 읽히도록 쓰면 되는 것이다.

이처럼 책 쓰기는 선천적으로 타고나는 것이 아니라 기술을 익히면서 만들어가는 것이다. 그렇다면 그 기술은 어떻게 배우는가? 바로 당신보다 먼저 책을 출간한 사람이나 그 분야의 전문가에게 배우면 된다. 전문가를 만나기 힘들더라도 지금 당신이 가지고 있는 이 책만 제대로 읽어도 된다.

이 책에는 책 쓰기에 관한 모든 비법들이 그대로 담겨 있다. 그러니 이 책만 제대로 분석해서 읽는다면 충분히 책을 쓸 수 있다.

다시 한 번 강조하지만 책 쓰기는 타고난 문장력을 요구하는 것이 아니다. 책 쓰는 기술만 제대로 익히면 누구든지 책을 쓸 수 있다. 또한 책을 한 권이라도 출간한 사람들은 그 성취감과 보상을 잊을 수 없기에 계속해서 책을 쓰는 것이다.

하지만 글쓰기는 책 쓰기와 다르다. 글쓰기는 A4용지 2~4매 정도의 칼럼 기준으로 문장력을 요구한다. 반면에 책 쓰기는 A4용지 110매 정도의 양이다. 책 한 권 분량의 양이기에 자신의 심혈을 기

32

울여야 하므로 오랜 시간 인내력이 요구된다. 그래서 책 쓰기를 마라톤에 비유하기도 한다. 마라톤을 완주하기 위해서는 호흡이 중요하다. 호흡을 제대로 조절하지 못하면 중도에서 지쳐 포기한다. 책 쓰기도 마찬가지다. 자신의 페이스를 조절할 줄 아는 사람이 책 쓰기도 끝까지 할 수 있다.

따라서 책을 쓰고자 한다면 그 기술을 배우고 익혀 그 과정을 단계별로 밟아 나가야 한다. 그 과정 중 가장 먼저 쓰고자 하는 장르를 선택하고 독자의 니즈를 파악해서 콘셉트를 정한다.

주제가 내포된 임팩트 있는 제목을 정하면, 그에 맞는 장 제목, 꼭지제목들을 배치해 목차를 완성한다. 목차가 완성되면 책 쓰기의 뼈대가 형성된 것이라고 할 수 있다.

꼭지제목에 맞는 내용을 채워 넣으면 초고가 완성된다. 거친 초고를 보완하고 다듬어서 탈고를 마무리하면 원고는 완성된다. 완성된 원고를 출판사에 투고하여 계약으로 이어지면 멋진 책으로 출간되는 것이다.

이런 전반적인 프로세스를 이해하면 책 쓰기에 대한 두려움보다 자신감으로 충만해진다. 그리고 당신이 책 쓰기에 익숙해질 때면 파이프라인도 구축되면서 평생 현역으로 살아 갈 수 있다.

이제 책 쓰기는 더 이상 두려운 일이 아니다. 문장력이 뛰어나지 않아도, 성공하지 않아도 상관없다. 일단 책을 쓰겠다는 마음으로 도전하자. 어설퍼도 상관없다.

필자 역시 처음에는 엉성했고, 베스트셀러 작가들도 마찬가지였다. 시작이 반이라는 말도 있지 않은가. 시작은 보잘것없지만 기술을 연마하는 과정에서 발전해 나간다. 더 이상 글쓰기의 능력 때문에 망설이지 말자.

책 쓰기는 뛰어난 문장력이 아니라 반드시 쓰겠다는 신념과 열정으로 시작하는 것이다.

> 이제 책 쓰기는 더 이상 두려운 일이 아니다. 문장력이 뛰어나지 않아도, 성공하지 않아도 상관없다. 책 쓰기는 뛰어난 문장력이 아니라 반드시 쓰겠다는 신념과 열정으로 시작하는 것이다.

책 쓰기가 쉬워지는 5가지 습관

직장인들은 매일 쏟아지는 업무과다와 스트레스, 반복되는 야근에 시달린다. 그 스트레스를 해소하기 위해 동료들과 술잔을 들이키다 보면 과음으로 이어지는 악순환이 계속된다.

공휴일만 되면 술과 야근으로 지친 몸을 달래며 하루 종일 집안에서 뒹군다. 마치 일주일 동안 회사에 헌신한 자신을 보상이라도 하듯이 일어나지 못한다. 겨우 일어난다고 해도 소파에 누워 하루 종일 TV 리모컨만 만지작거린다. 이들은 '가랑비에 옷 젖듯이' 잘못된 생활에 익숙해져 타성에 젖어들었다. 현실과 타협하여 적당히 안주하는 습관에 길들여졌던 것이다.

이런 습관은 시간을 낭비할 뿐만 아니라 우리의 인생을 잘못된 길로 인도할 수 있다. 아무리 사소한 것이라도 습관이 되기 전에 바로 잡아야 한다. 이것이 습관이 되면 앞으로의 인생길에 큰 걸림돌이 될 수 있다. 뒤늦게 자신의 습관이 잘못된 것인 줄 알게 되어도 이미 습관으로 길들여지면 고치기 어렵다.

오히려 나쁜 습관을 고치려고 하기보다 새로운 습관을 만들어 덧씌우는 것도 좋은 방법이다. 즉 잘못된 습관은 그냥 두고 좋은 습관으로 다시 길들여지면 나쁜 습관은 좋은 습관으로 바뀌게 된다.

물론 처음에는 좋은 습관을 만드는 것이 쉽지 않다. 실제로 새로운 습관을 만들기 위해 노력하는 사람들은 많이 있지만 작심삼일로 끝나는 경우가 대부분이다. 이처럼 남을 이기는 것보다 자신을 이긴다는 것이 훨씬 어려운 일이다.

그러나 자신을 이기는 사람만이 인생을 변화시킬 수 있다. 매일 후회하면서 늦잠 때문에 지각하지 말고 지금부터라도 일찍 일어날 수 있도록 훈련하자.

일찍 출근해서 그날 할 일을 미리 점검하고 계획하면 일의 효율도 높이고 야근도 줄일 수 있다. 자연히 퇴근도 빨라지면서 스트레스도 사라지고 술을 마시지 않아 일찍 일어나게 된다.

그들은 일찍 일어나 만들어진 시간을 자기계발이라는 좋은 습관으로 만들고 있다. 운동이든, 공부든, 독서든, 책 쓰기든 상관없다. 당신이 매일 출근 전, 퇴근 후라도 이런 습관으로 길들여지는 것이 중요하다. 이런 습관들을 효과적으로 이용한다면 머지않아 그 시너지 효과는 엄청나게 발휘될 것이다.

바쁘지만 틈새시간을 이용해서라도 매일 좋은 습관에 길들여지도록 노력하자. 나쁜 습관은 당신의 인생을 파멸로 이끌지만 좋은 습관은 당신을 행복하게 만든다.

책 쓰기도 이런 습관으로 길들여진다면 분명히 삶의 질은 달라진다. 무엇이든 처음 시작하는 습관은 힘들지만 한번 길들여진 습관은 당신의 인생을 바꿀 수 있는 것이다.

따라서 책 쓰기가 쉬워지는 5가지 좋은 습관을 말하고자 한다. 이 습관을 몸에 익힌다면 책 쓰기는 한층 더 쉬워질 것이다.

첫째, 집필계획을 세운 후, 초고 완성을 공표하자.

모든 사람마다 외모가 다르고 성격이 다르듯이 원고를 쓰는 스타일도 제각기 다르다. 하루 종일 앉아 있어도 한 줄조차 쓰지 못하는 사람이 있다. 어떤 사람은 앉은 자리에서 초고를 줄줄 써내려가는 사람도 있다. 하지만 이런 사람들도 각자 장단점이 있다. 초고를 빨리 쓴 사람은 빨리 쓴 만큼 탈고시간이 오래 걸린다. 반면에 계속 수정하며 초고를 쓴 사람들은 초고시간이 오래 걸렸던 만큼 탈고시간은 짧아진다. 그런데 초고에서 힘을 너무 빼면 중간에 쉽게 좌절할 가능성이 있어 위험하다.

이런 일을 방지하기 위해 원고를 쓰기 전에는 반드시 집필계획을 세워야 한다. 마감일을 정해놓고 역산하여 하루에 몇 쪽씩 쓸 것을 목표로 정한다. 목표기일은 작가 수첩이나 탁상달력에 적어 하루분량을 완성할 때마다 체크한다. 특히 집필계획을 세운 후, 자신의 카페나 사람들에게 초고 완성을 선언하는 것이 좋다. 많은 사람들이 자신의 초고 완성날짜를 알고 있다고 인식하게 된다. 그러면 더욱 열심히 초고를 쓰게 하는 동인이 되기에 많은 사람들이 이 방법을 취하고 있다. 원고를 완성하면 고생한 자신에게 보상하는 의미로 마시멜로우를 선물하는 것도 좋은 방법이다. 선물을 받는 자신의 모습을 상상한다면 의욕이 생겨 보다 빨리 쓸 수 있다.

둘째, 목차는 항상 가지고 다니자.

작가가 되려면 기본적으로 메모하는 습관은 몸에 배어 있어야 한다. 책을 쓰고 있는 동안은 당신이 밥을 먹든, 일을 하든, 무엇을 하든지 주제를 생각한다. 자연히 주제와 관련되는 생각들은 하나, 둘씩 떠오르게 된다. 목차를 가지고 다니면서 이런 영감이 떠오를 때마다 관련 꼭지제목에 적는 습관을 길러야 한다.

16년 동안 국제선 1등석 객실에서 퍼스트클래스 승객을 서비스한 미즈키 아키코는 스튜어디스 출신이다. 대부분의 사람들은 입국서류 작성시간에 승무원에게 펜을 빌리느라 분주하게 움직인다. 그런데 퍼스트클래스 승객들은 펜을 빌리는 일이 없다고 한다. 무엇이든 기록하는 습관 때문에 반드시 품안에 자신만의 필기구를 지니고 있기 때문이다.

그들은 신문도 보지 않는다. 이미 자택에서, 늦어도 라운지에서 신문이 나오는 즉시 읽는다. 이는 누가 먼저 정보를 쟁취하느냐에 따라 사업의 성패가 결정되기 때문이다.

그녀는 퍼스트클래스 승객들만의 행동과 성공 습관을 오래 동안 관찰해 《퍼스트클래스 승객은 펜을 빌리지 않는다》를 출간했다. 이 책은 일본에서 150만 부를 돌파하며 큰 반향을 일으켰다.

이처럼 성공하는 사람들은 그 습관들이 몸에 배어 언제, 어디서든 드러나게 되어 있다. 그래서 처음부터 어떤 습관을 들이느냐가 중요하다. 미래를 보지 못하고 타성에 젖은 습관은 결코 성공할 수 없다. 좋은 습관으로 내디딘 한 발자국이 성공으로 향하는 첫 걸음인 것이다.

셋째, 쓸 수 있도록 유혹하는 습관을 만들자.

책을 집필하다 보면 아이디어가 떠오르지 않을 때가 많이 있다. 상대성 이론을 발표한 아인슈타인은 샤워 도중에 최고의 아이디어가 떠오른다고 했다. 아인슈타인처럼 《도쿄타워》를 쓴 가오리 작가도 책을 쓰기 전에는 반드시 목욕을 했다. 《노인과 바다》의 헤밍웨이는 책 쓰기 전에 연필을 깎는 습관이 있다.

《당신의 책을 가져라》의 송숙희는 책을 쓰기 전에 꼭 커피를 마시며 메일을 확인하고 답장을 썼다. 자신이 운영하는 온라인 카페의 댓글을 쓰고, 메일로 들어온 온라인 쇼핑몰을 검색한다. 그런 다음 더 이상 재미난 일이 없을 때 비로소 책을 쓴다고 한다.

사실 필자도 마찬가지다. 책을 쓰려고 하면 청소가 하고 싶고, 청소 후에도 바로 글을 쓰지 못한다. 샤워를 하고, 차를 마시며 인터넷을 서치하고, 메일을 확인하며 뭉그적거리다 글을 쓰게 된다. 하지만 이런 방법이라도 책을 쓸 수만 있다면 조금씩 습관으로 받아들여야 한다. 이는 책을 쓰기 위한 하나의 통과의례라고 생각하면 된다. 많이 쓰는 것도 좋지만 처음에는 조금씩이라도 매일 쓰는 습관을 가지는 것이 중요하다. 이런 과정이 습관화된다면 자연스럽게 좋은 습관으로 다져나간다.

넷째, 무조건 써내려가자.

당신이 초고를 끝까지 완성하지 못하는 이유는 어떻게든 잘 쓰고 싶은 마음이 크기 때문이다. 처음부터 완벽한 원고로 화려하게 데뷔하고 싶은 마음은 누구나 가지고 있다. 하지만 그런 마음으로 초고를 쓴다면 끝까지 완성하기 어렵다. 우선 완벽하게 써보겠다는 것보다 초고를 끝까지 쓰겠다는 마음으로 써내려가야 한다.

국문학과를 전공한 사람들은 문법이나 문장력, 어휘력 등은 누구보다 많이 알고 있다. 그런데 그들은 너무 많이 알고 있기에 오히려 책을 쓰지 못한다. 많이 알고 있는 만큼 두려움도 크다. 혹시 제대로 쓰지 못해 실수하거나 잘못 쓰면 남의 비판이 두려운 것이다. 그래서 좋은 능력을 갖추고 있지만 책을 쓰기보다 출판사에서 교정보는 일을 하고 있는 것이다.

처음부터 완벽하게 초고를 쓰는 사람은 없다. 완벽한 초고 완성은 예비저자에게는 고문이라 할 수 있기에 그 과정에서 좌절을 느낀다. 예비저자들은 잘 쓰는 것보다 무조건 써서 초고를 완성시키는 것이 중요하다. 일단 초고가 완성이 되면 하나의 틀이 생긴다. 그 틀

안에서 거친 초고를 왁스로 문지르듯 다듬고 매만지듯이 탈고하면
된다. 그러면 그 원고는 매끄럽고 윤기 있는 옥고로 거듭날 것이다.

다섯째, 쓰고 싶은 꼭지제목부터 시작하자.

소설을 제외한 책 중에서 자기계발, 인문학 등은 처음부터 순서대
로 읽지 않아도 된다. 자신이 먼저 보고 싶거나 끌리는 부분을 읽고
난 후 나머지 부분을 읽어도 상관없다. 소설의 경우는 내용의 흐름
상 순서대로 읽어야 이해가 쉽다. 하지만 자기계발 책은 주제는 같지
만 각 꼭지마다 모두 독립적이다. 어떤 꼭지제목이든 읽고 싶은 부
분을 먼저 읽어도 내용을 이해할 수 있다.

책 쓰기도 마찬가지다. 처음부터 순서대로 끝까지 쓰는 것이 정석
이라고 생각하지 말자. 써지지 않는 글을 쓰느라 처음부터 진을 빼
게 되면 책 쓰기 자체가 고통스럽다. 책 쓰기가 끔찍할 것이고 자신
은 소질이 없다고 생각해 포기할 수 있다. 자신이 쓰고 싶은 꼭지제
목, 쓰기 쉬운 꼭지제목부터 쓰다 보면 탄력이 붙는다. 원고량도 빨
리 채워지면서 책 쓰기가 훨씬 더 쉬워질 것이다.

책 쓰기가 쉬워지는 5가지 좋은 습관

첫째, 집필계획을 세운 후, 초고 완성을 공표하자.
둘째, 목차는 항상 가지고 다니자.
셋째, 쓸 수 있도록 유혹하는 습관을 만들자.
넷째, 무조건 써내려가자.
다섯째, 쓰고 싶은 꼭지제목부터 시작하자.

5
평범한 사람일수록 책을 써야 한다

스마트폰이 등장한 이후 어른, 아이 할 것 없이 누구나 글을 쓸 수 있는 시대가 열렸다.

사람들은 단순한 문자를 비롯해 SNS의 짧은 글들은 쉽게 올린다. 여기에 자신의 생각이 달린 댓글이나 타인에 대한 비판도 서슴지 않는다. 시대가 변하는 만큼 자신의 생각을 분명하게 전달하는 사람들이 많아졌다는 것이다. 사람들의 생각이 분명해지면서 책 쓰기도 급물살을 타고 있다. 전업 작가들의 전유물로만 여겼던 책 쓰기가 지금은 평범한 사람들이 앞 다투어 책을 출간하고 있다.

책 쓰기 특강을 마친 후 한 직장인이 나에게 질문했다.

"저도 작가님처럼 몇 년 전부터 책을 쓰고 싶었지만 실천하지 못했어요. 책은 전업 작가들이 쓰거나 성공한 사람들만 쓰는 줄 알았거든요. 그런데 평범한 사람도 쓸 수 있다고 해서 용기를 가지게 되었습니다."

많은 사람들이 내 이름으로 된 책을 쓰고자 하는 바람을 가지고 있다. 하지만 이런 바람은 그저 바람으로만 간직한 채 막을 내리는 경우가 많다. 친구들과 문자메시지를 주고받고, SNS에 자신의 지식이나 생각의 짧은 글을 올리지만 책으로 연결되기는 힘들다. 그들은 책을 쓰는 행위가 매력적이라는 것은 알고 있다. 하지만 전업 작가나 성공한 사람들만 쓸 수 있다고 생각하기에 책을 쓰지 못한다. 책을 쓰고 싶어도 자신은 그런 능력이 없다고 생각해 포기하며 살아가는 것이다.

《내가 두 아이를 키우면서 배운 것들》의 김영숙 저자는 공무원 생활을 하는 평범한 직장인이었다. 그녀는 공무원을 평생직장이라고 생각했기에 자기계발도 하지 않았다. 또한 비정규직을 전전긍긍하다 뒤늦게 들어간 직장이라 승진은 생각조차 하지 못했다. 그러자 생각하는 대로 사는 것이 아니라 사는 대로 생각하는 게으른 직장인이 되었다. 이런 생활이 결혼을 하고 아이들을 가지게 되자 더욱 심해졌다.

그녀는 자신이 게으른 것을 회사일, 집안일 때문이라고 핑계를 돌렸다. 하지만 이것은 자신에게는 전혀 도움이 되지 않는다는 것을 알고 있었다. 그리하여 자신을 계발하기 위해 선택한 것이 책이었다. 책을 통해 자신의 꿈을 찾을 수 있었고 그 꿈을 위해 책 쓰기에 도전했던 것이다.

그런데 매사에 소극적이던 자신이 끝까지 책을 쓸 수 있을지 걱정이 되었다.

워킹맘으로서 책을 쓴다는 것은 보통 힘든 일이 아니다. 오전에 직장에 출근해서 오후에 퇴근하면 반기는 것은 산더미처럼 쌓이는 집안일이다. 이런 일이 반복되면 중도에서 책 쓰기를 포기하는 사람들이 많이 있다.

그러나 그녀는 책을 쓰다 힘들어지자 나에게 일대일 컨설팅까지 신청하면서 끝까지 포기하지 않았다. 나는 그 의지에 탄복해서 그녀에게 초고 2꼭지를 검토해 주었다. 그리고 책 쓰기의 전반적인 방향을 잡아주고 시간 관리를 효과적으로 할 수 있도록 코칭을 해주었다. 그 결과 자신의 스토리인 《내가 두 아이를 키우면서 배운 것들》을 출간할 수 있었다. 이 책이 출간되자 그의 책을 읽은 독자로부터 강연요청이 쏟아졌다. 그녀는 이제 평범한 직장인에서 자기계발 작가, 동기부여가로서 승승장구하고 있다.

위의 사례를 보더라도 책은 성공한 사람이나 전업 작가들만 쓰는 것이 아니라는 것을 알 수 있다. "성공해서 책을 쓰는 것이 아니라 책을 써야 성공한다."는 말이 있다. 그런데 나는 여기에 '쉽고, 빠르게'를 덧붙이고 싶다. "성공해서 책을 쓰는 것이 아니라 책을 써야

보다 쉽고, 빠르게 성공한다."고 말하고 싶은 것이다. 이는 평범한 사람이 비범한 사람으로 거듭나는 데는 책 쓰기만큼 보다 쉽고 빠른 것이 없기 때문이다.

만약 그녀가 책을 쓰지 않았다면 평범한 직장인에 불과했을 것이다. 책을 썼기에 작가가 될 수 있었고 강연가로서 성공해 지금의 자리에 오를 수 있었다. 평범하다고 포기하는 사람만큼 어리석은 사람은 없다. 확고한 신념으로 용기를 가지고 책 쓰기에 도전하면 된다. 자신이 과거에 했던 일이나 현재하고 있는 일을 토대로 책으로 쓴다면 쉽게 접근할 수 있다.

자영업자나 자신의 일을 전문적으로 하는 사람들은 그 특정분야를 살려 책을 쓰는 것이 좋다. 직장인은 조직생활에서 다룬 업무분야를 책으로 쓰면 쉽게 풀어낼 수 있다.

주부는 자신이 좋아하는 요리나 취미, 아이와의 관계 등 다양한 일상을 책으로 펴내면 된다.

의사나 간호사는 병원생활의 생생한 현장경험을 토대로 책을 쓰면 좋다.

여행을 좋아하면 여행을 하면서 느꼈던 점이나 깨달은 일들을 책으로 엮어도 된다. 예를 들면 무전여행을 잘할 수 있는 비법, 크루즈 여행을 싸게 할 수 있는 비법 등을 책으로 쓰면 된다. 그러면 무전여행이나 크루즈 여행을 하고 싶은 사람들은 참고할 수 있어 좋다.

경찰관이나 소방관은 항상 불시에 사건이 발생하는 경우가 많다. 그런 극한상황 속에서 펼쳐지는 스토리를 엮어서 책으로 만든다면 독자들의 감동이 극대화될 수 있다.

이처럼 다양한 직업에 있는 평범한 사람들이 책을 쓴다면 독자들은 쉽게 정보를 공유할 수 있다. 다양한 저자만큼 독자들의 직업도 기업인, 정치인, 교수, 의사, 변호사, 직장인 등으로 다양할 수밖에 없다. 다양한 독자들은 책을 통해 알게 된 불우한 작업 환경이나 인권 개선에 도움을 줄 수도 있다.

요즘 같은 스펙 시대에 석사, 박사학위를 가져도 취업하기는 하늘에 별 따기다. 취업을 한다고 해도 인생이 달라지는 것도 아니다. 상사의 눈치를 보며 회사에 충성하는 충직한 노예에 불과하다. 어쩌면 회사에 봉사하고 헌신했기에 과장, 부장 달고 운이 좋으면 임원자리도 차지할 수 있다. 하지만 딱 거기까지다. 임원을 단 순간 언제 떠나야 할지 모르는 불안한 인생이 된다.

내가 회사의 주인이 아니라면 언젠가 회사를 떠나야 한다는 것을 잊지 말아야 한다. 대한민국의 현실은 금수저 물고 태어나지 않는 이상 자수성가를 하지 않으면 회사의 노예로 살아야 한다. 노예로 살지 않기 위해서는 자수성가라도 해야 하지 않겠는가.

회사에서 밤낮없이 죽도록 일하지만 해고를 당하는 사람들은 점점 더 늘어나고 있다. 과거에는 먹고살기가 어려웠기에 무조건 열심히 사는 만큼 보상이 이루어졌다. 그러나 지금은 보상은커녕 한순간에 모든 것을 잃을 수 있다. 이제는 열심히 사는 것이 아니라 남과 다르게 살아야 한다.

평범해서 할 수 없다고 생각하면 자신의 벽을 스스로 만들게 되는 것이다. 시작하기도 전에 한계의 벽을 짓는 부정적인 생각은 버려야 한다. 나도 할 수 있다는 긍정적인 생각을 가지면 한계의 벽은 스스로 사라지게 되어 있다.

성공한 사람이라고 해서 평범한 사람과 특별하게 차이나지 않는다. 성공한 사람과 평범한 사람의 차이는 바로 이런 관점의 차이에서 시작한다. 이 생각의 한 끗 차이가 사람을 성공과 실패로 갈라놓는다.

우리가 관점을 바꾸지 않는다면 열심히 일만 하는 노예 같은 인생으로 살아갈 것이다. 그러나 관점을 바꾸어 자신의 한계를 깨뜨리면 노예가 아닌 주인으로 살아갈 수 있다. 관점을 바꾸어 평범한 사람에서 비범한 사람으로 업그레이드되는 인생으로 살아가자.

필자는 과거 쫓기던 시절에는 평범한 직장인들이 부러웠기에 노력해서 직장인이 되었다. 부럽게만 느껴졌던 직장생활이 익숙해지자 평범하다 못해 무료한 생활이 되었다. 그 후 작가들의 삶이 특별하게 보였고 부러워서 치열하게 노력해 저자가 되었다. 하지만 이것 또한 익숙해지자 나에게는 평범한 삶으로 다가왔던 것이다. 이제는 작가를 넘어 또 다른 특별한 꿈을 꾸고 있다.

이처럼 꿈을 꾸는 인생은 평범한 사람에서 멈추지 않고 끊임없이 자신을 발전시켜 나간다. 이렇다 할 재주도 없고 남보다 뛰어나지 않다면 자신의 무기를 만들어야 한다. 그렇지 않으면 언제든 조직에서 다른 사람으로 대체될 수 있다. 따라서 다른 사람에게 없는 경쟁력을 갖추고 차별화되기 위해서는 책 쓰기만큼 좋은 것이 없다.

일단 책이 출간되면 강연이나 인터뷰, 방송출현 등 다양한 기회들이 찾아온다. 이런 다양한 경험들을 통해 평범한 삶에서 비범한 삶으로 업그레이드되는 것이다.

경영학의 대가 톰 피터스는 이렇게 말했다.

"어떤 일에 있어서도 위대함과 평범함의 차이는 자기 자신을 매일 매일 재창조할 수 있는 상상력과 열망을 갖고 있느냐, 없느냐 하는 것이다."

평범해서 할 수 없다고 생각하면 자신의 벽을 스스로 만들게 되는 것이다. 시작하기도 전에 한계의 벽을 짓는 부정적인 생각은 버려야 한다. 나도 할 수 있다는 긍정적인 생각을 가지면 한계의 벽은 스스로 사라지게 되어 있다.

현직에 있을 때 책을 쓰자

6

대한민국의 경제는 경기불황을 견디지 못했다. 조선과 선박이 몰락하기 시작하고 내수마저 침체하고 있다. IMF 외환위기 극복의 1등 공신이었던 조선업이 줄지어 도산하면서 대대적인 구조조정을 단행했다. 그 구조조정의 한파 속에 많은 근로자들이 일자리를 잃기 시작했다. 불어 닥치는 경제위기를 극복하지 못하는 기업들은 계속해서 실업자를 만들고 있었다. 갈수록 악화되는 경제상황 속에서 기업을 안정시키는 1순위가 인원감축이다. 사정없이 구조조정의 칼날에 당하는 것이 바로 그 조직의 구성원이다. 그들은 언제 구조조정을 당할지 모르는 현실에서 가슴 졸이며 살고 있다. 이런 현실 속에서는 구조조정의 칼날에 이슬처럼 사라지는 것이 구성원의 비애라고 할 수 있다.

2015년, 내 첫 저서가 출간되자 과거 자동차학원에서 함께 근무했던 강사로부터 연락이 왔다. 나는 아직도 그 학원에 다니느냐고 물어보았다. 그는 "조 선생님 나가고 2년도 안 돼서 학원 문 닫았어요."라고 말했다.

내가 처음 입사할 때 '여기는 일흔 살이 넘어도 근무할 수 있으니 평생직장이라고 생각하세요.'라는 원장님의 말씀이 생각났다. 당시에는 일흔 살이 넘는 강사들이 네 명이나 있었기에 나도 그렇게 생각했다. 월급이 적어도 평생직장이라고 생각하니 마음이 놓였던 것이다.

그런데 평생직장이라고 믿었던 학원에서 강사들을 감원하기 시작했다. 그 이유는 운전면허 자격증을 취득하기 위해서는 필요한 시간을 이수해야 한다. 그 이수시간이 급격히 줄어들면서 학원에 치명타를 가져왔다. 원장은 강사들을 감원시키면서 학원을 살리려고 했다. 하지만 결국 오래 버티지 못하고 문을 닫고 말았다.

내가 만약 당시 그만두지 않고 강사들과 함께 몸을 사렸다면 어떻게 되었을까? 회사가 문을 닫음과 동시에 다른 직장을 구하기 위해 전전긍긍하며 돌아다녔을 것이다. 그러면 작가는커녕 미래도 알 수 없는 불안한 인생을 아직도 살아가고 있을 것이다. 그 생각을 하면 다시 한 번 안도의 한숨을 내쉬게 된다.

그런데 아직도 많은 사람들이 직장생활에 목매며 올인하고 있다. 어쩌면 당신도 상사의 눈치를 보며 직장생활에 목매고 있지는 않은가? 만약 그렇다면 자신이 주인이 아니라 노예 같은 인생을 살고 있지는 않은지 돌아볼 시간이 필요하다.

당신이 다니는 회사에서 대우가 좋고 연봉이 높다는 이유로 현실에 안주하면 안 된다. 중요한 것은 현재가 아니라 앞으로 5년 후, 10년 후 미래의 청사진을 그리는 것이다. 미래의 청사진을 그린 후 암울하다면 자신만의 무기를 만들어야 한다. 그렇지 않으면 앞으로는 상사뿐만 아니라 추월하는 후배들의 눈치까지 보게 된다.

아무리 높은 직위와 연봉을 받더라도 내 회사가 아니면 언젠가는 떠나야 한다. '설마, 나는 아니겠지.' 하는 안이한 생각으로 현실에 머물다가 마른하늘에 날벼락을 맞을 수 있다. 그렇다고 지금 당장 직장을 그만두라는 말은 아니다. 오히려 직장에 몸담고 있는 지금, 또 다른 수입원이 될 수 있는 파이프라인을 만들어야 한다.

나는 그 대안으로 책 쓰기보다 더 좋은 것은 없다고 생각한다.

책을 쓰는 것은 큰돈이 드는 일도 아니다. 바쁜 시간을 쪼갤 수 있는 열정만 있으면 된다. 그나마 다행인 것은 아르바이트와 같은 직장이라도 아직 다니고 있다는 것이다. 직장을 다니면 생계가 유지되기 때문에 마음 편히 책을 쓸 수 있다. 이 시기를 놓치지 말고 잡아야 한다.

대기업에서 부장으로 근무하며 명예퇴직을 당한 C의 이야기를 들어보자.

"20년 넘게 회사에 충성하며 휴가 한번 제대로 가지 못했습니다. 숱한 야근과 출장으로 밤을 새운 일도 많았거든요. 그런데 명예퇴직을 하고 보니 할 줄 아는 것이 아무것도 없었어요. 아직까지 자식들 공부시키려면 몇 년은 더 벌어야 합니다. 친구와 함께 동업하기로 결정했죠. 창업하기 좋은 장소를 물색해서 돈도 지불했습니다. 그때부터 친구는 연락되지 않고 퇴직금만 몽땅 날리고 말았습니다. 그 친구를 찾기 위해 매일 밤낮을 돌아다니며 세월만 낭비했습니다. 그러는 동안 나는 40대 후반의 나이에도 불구하고 몸도 마음도 완전히 늙어버리고 말았습니다."

그는 회사에 근무할 때까지만 해도 자신에게 닥칠 일을 생각하지 못했다. 좋은 직장, 높은 연봉에 만족하며 편안한 생활을 했다. 자신이 서서히 가해지는 뜨거운 냄비 속의 개구리였다는 사실을 알지 못했다. 미래를 예측하지 못했고 밤낮으로 회사 일에만 매달려 충성하며 살았다. 그러나 그에게 돌아온 것은 권고사직이었다.

회사에만 올인했기에 현실을 제대로 파악하지 못해 퇴직금까지 친구에게 사기당했다. 이제 그에게 남겨진 것은 현실의 밑바닥에 떨어진 몸밖에 없었다. 직장을 다닐 때는 평생직장이라고 생각했기에 다른 계획을 세우지 않았다. 그는 회사에 목매기보다 자신의 미래 청사진을 그리면서 구체적인 대안도 마련했어야 했다. 그러면 지금과 같은 사태는 미연에 방지하고 새로운 인생을 살았을 것이다.

그와 마찬가지로 현직에서 구체적인 대안도 없이 퇴직하는 사람들이 늘고 있다. 그들은 회사에 올인했기 때문에 퇴직해서 할 수 있는 일이 별로 없다. 그리하여 쉽게 할 수 있는 프랜차이즈 사업을 생각하면서 장밋빛 인생을 꿈꾸지만 구체적인 계획 없이 시작하는 창업은 매우 위험하다. 특히 프랜차이즈 사업의 경우에는 실패할 가능성이 훨씬 더 높다. 오히려 대기업의 배만 불리는 프랜차이즈의 불편한 진실을 알아야 한다.

프랜차이즈의 횡포는 몇 년 전부터 TV나 각종 언론에서 끊임없이 보도되고 있다. 그런데 아직도 대책 없이 프랜차이즈 사업을 꿈꾸고 있는 사람들이 많이 있다.

창업경험이 없는 퇴직자들에게 프랜차이즈 사업은 매력적으로 보일 수 있다. 더구나 최근에는 음식점, 치킨, 피자, 햄버거, 카페, 베이커리, 편의점 등 프랜차이즈 업종도 다양해서 쉽게 접근할 수 있다. 하지만 하루가 멀다 하고 생겨났다가 사라지는 경우가 부지기수다. 모두 준비 없이 시작했다가 망하게 되는 경우다.

이처럼 준비 없는 창업은 더 큰 재앙을 불러올 수 있다. 무조건 트렌드에 따라 창업을 하기보다 현직에 있을 때 미리 대안을 만들고 계획해야 한다. 이런 계획도 없이 여전히 많은 퇴직자들은 쉽고 편한 트렌드만을 좇아 창업을 시작한다. 자신은 잘할 수 있다는 근거 없는 자신감으로 섣불리 덤벼들면 모든 것을 잃을 수 있다.

갈수록 퇴직연령이 낮아지고 고용사회는 점점 더 불안해지면서 세상은 각박해지고 있다. 이런 세상에서 살아날 수 있는 길은 오로지 자신만의 무기를 만드는 길뿐이다.

사람들이 죽어나가는 전쟁터에 무기 없이 참전하는 사람은 아무도 없다. 그런데 회사가 전쟁터라고 말하면서 자신의 무기를 갖추지 않는 사람들을 많이 볼 수 있다.

세상은 냉정하다. 다른 사람들보다 월등한 자신만의 무기가 없다면 살아남을 수 없는 것이 현실이다. 이러한 현실을 제대로 인지한다면 자신이 관심을 가지고 있는 분야를 활용하여 책으로 쓰면 된다. 특히 자신의 전문지식이나 경험과 노하우 등을 활용해 책을 펴내고 있는 직장인들이 있다. 하지만 그 수가 아직까지 소수에 불과하기 때문에 충분히 경쟁력이 있다. 자신의 책이 출간되는 순간 조직에서의 대우조건이 달라지면서 경쟁사에서 스카우트할 수 있다. 그때는 자신의 입맛에 맞는 곳을 선택할 수 있는 것이다.

당신도 이런 삶을 살고 싶지 않은가? 그렇다면 지금, 현직에 있을 때 책 쓰기를 준비하자. 물론 책을 쓴다는 것은 말처럼 쉬운 일이 아니다. 책을 쓴다는 자체가 엄청난 에너지를 발산하는 일이다. 그래서 책 쓰기를 자기혁명이라고 하지 않는가.

이제 5년차, 10년차 된 직장인이라면 자신을 대표하는 무기를 하나쯤은 만들어야 한다. 평사원도, 임원도 언젠가는 자신의 자리를 비워줘야 한다. 그러니 더 이상 직장에 올인하기보다 틈틈이 책 쓰기에 열정과 시간을 투자해야 한다. 직장은 언제까지 당신을 지켜주지 않는다. 당신이 필요 없다고 생각되면 바로 버릴 수 있는 것이 조직의 생리다.

그러나 저서가 있다면 주도권의 위치가 순식간에 바뀌어 당신이 인생의 주인공으로 살 수 있다.

직장은 나 자신을 위한 것이 아니지만 책 쓰기는 오로지 나 자신을 주도적으로 살기 위한 일이다. 직장에 올인하다가 언제, 어떻게 될지 모르는 세상이다. 어느 날 갑자기 벼랑 끝에서 떨어지지 않으려면 현직에 있는 지금 책을 쓰자. 책 쓰기가 자신을 바꾸어 줄 확실한 무기가 될 것이다.

진짜 공부는 책 쓰기다

한국의 경제 상황이 지속적으로 악화되면서 사람들의 삶은 갈수록 각박해지고 힘들어졌다. 그러자 불투명한 미래에 대한 대처방법으로 자기계발이 유행처럼 번지고 있다. 그들은 직장인이나 학생, 주부를 가리지 않고 너 나 할 것 없이 자기계발에 투자한다. 이는 삶이 힘들어진 만큼 자기계발을 통한 공부가 삶의 돌파구라고 생각하기 때문이다.

그런데 힘든 삶에 대한 돌파구로 시작하는 자기계발은 확고한 신념을 가지고 있어야 한다. 그렇지 않고 너도 하니 나도 한다는 식의 자기계발은 목표에 도달하기 전에 흔들리게 된다.

물론 어쩌다 목표에 도달해서 자신이 원하는 것을 이룬 사람들도 있다. 하지만 그 목표를 달성해도 여전히 막막하고 불안하기는 마찬가지다. 어떤 것을 선택하더라도 자신이 원하고 잘할 수 있는 것인지 신중하게 결정해야 한다. 현실에 대한 중압감과 미래에 대한 불안감으로 인기과목에만 좇아가면 안 된다. 실제로 많은 사람들이 자투리 시간을 활용해 자기계발을 하며 열심히 공부한다. 자격증과 학위를 취득하고 스펙을 쌓아가지만 현실은 여전히 답답하다.

진정한 자기계발은 남이 좋다고 해서 맹목적으로 따라가는 공부가 아니다. 자신의 확고한 신념에 의해 움직여야 한다. 더 이상 트렌드를 좇아가는 스펙 쌓기는 도움이 되지 않는다. 자신이 정말 잘하고 좋아하는 공부를 선택하는 것이 중요하다. 그래야 미래에 펼쳐지는 자신의 인생이 달라질 것이다.

사람마다 다르겠지만 필자는 내가 잘할 수 있는 방법으로 책 쓰기를 선택했다. 당신은 어떤 것을 선택할 것인가? 이 책을 읽을 땐 당신도 책 쓰기에 상당한 관심을 가지고 있을 것이다. 그렇다면 당신도 책 쓰기가 자신을 알리는 가장 빠른 길이라는 것을 이미 알고 있다.

하지만 당신은 아는 게 있어야 책을 쓸 수 있지 않겠느냐고 말할 수 있다. 당신뿐만 아니라 많은 사람들이 책을 쓰라고 하면 준비가 되지 않았다고 한다. 책을 쓰고 싶지만 '능력이 없어', '많은 책을 읽고 난 후에'라는 갖은 핑계로 망설인다.

나 역시 책을 쓰기 전에는 그들과 마찬가지였다.

그러나 인생을 다시 설계하기 위해 도서관을 찾아 책을 읽기 시작했다. 수많은 책들을 보면서 신선한 충격을 받고 만감이 교차하기도 했다. 그동안 책을 읽지 않은 내 자신이 부끄러웠고 원망스럽기까지 했다. 나의 무지를 깨우치기 위해 장르를 가리지 않고 닥치는 대로 책을 읽었다. 책을 읽으면 저자의 지식이나 생각이 그대로 나에게 전달되는 것 같았다. 그들의 신념과 가치, 철학을 통해 삶의 의미를 배우고 깨닫게 되었다. 무엇보다 저자들의 성공스토리를 통한 인생 경험은 새로운 인생을 개척할 수 있는 강한 힘을 주었다.

내가 책을 읽게 된 계기는 부족한 지식을 채우기 위해서였다. 처음엔 지식이 부족해서인지 책을 읽는 것이 어려웠다. 좌충우돌하며 책을 읽기 시작한 지 1년쯤 되었을 때였다. 책을 읽으면서 '나도 이런 책을 쓰면 참 좋겠다.'라는 생각이 순간적으로 들었다. 그러자 '에이, 내가 감히 무슨 책을 쓴다고……'라며 그 생각을 지워버렸다. 그런데 독서를 하면 할수록 책을 쓰고 싶은 생각이 강하게 밀려왔다. 생존 독서를 하면서 지식이 쌓이고 나의 생각도 생기자 책 쓰기에도 관심을 가지게 되었다.

하지만 생존 독서를 시작한 지 1년밖에 되지 않았기에 책을 쓸 능력이 없었다. 1년 동안 독서를 했지만 독서량도 적고 능력도 없으니 준비가 되지 않았다고 생각했다. 따라서 책을 쓰기 위해서는 많은 책을 읽고 충분한 준비를 하기로 했다. 그러나 이것은 잘못된 생각이었다. 그때까지만 해도 독서량이 많아야만 책을 쓸 수 있는 줄 알았다. 그렇게 책을 쓰기 위해 다시 준비한 세월이 2년이 흘렀다.

그렇다면 책 쓰기 준비는 이제 충분해졌을까? 전혀 그렇지 않다. 내 독서량은 2년 전보다는 많아졌지만 여전히 불안했다. 2년 전과 똑같은 이유로 핑계를 만들면서 변명을 하고 있었던 것이다. 그러던 중 우연히 지인의 저자 강연회를 듣게 되었다. 그 특강을 들으면서 신선한 충격을 받고 크게 깨닫게 되었다.

지금까지 책 쓰기를 준비하기 위해 2년이라는 세월을 보냈지만 여전히 준비가 되지 않았던 것이다. 그렇다면 앞으로 또 2년? 3년? 아니면 언젠가 쓰겠다는 말인가? 하지만 사람들이 말하는 '언젠가'는 영원히 안 올 수도 있는 말이다.

결국 이 모든 것은 의식의 문제였다. 2년 전보다 더 많은 책을 읽었을지 몰라도 의식은 그대로였던 것이다. 나는 지금 당장 행동하지 않으면 영원히 책을 쓸 수 없다는 생각이 들었다.

이제 바로 책을 쓰기로 결심하면서 내 주제와 관련된 경쟁도서를 구매해서 분석하고 치열하게 노력했다. 그러자 첫 번째 저서인《관점을 바꾸면 인생이 달라진다》를 출간하게 되었다. 계속해서《진짜 인생 공부》를 비롯하여 공저들도 여러 권 출간하는 기쁨을 누리게 되었다. 지금은 또 3번째 개인저서인 책 쓰기 책을 쓰고 있다. 만약 내가 준비가 되지 않았다고 계속 미루었다면 아직도 책은 쓰지 못했을 것이다. 비록 처음에는 두렵고 떨렸지만 용기를 냈기에 책을 썼고 작가로 일어설 수 있었다.

책 쓰기는 내 경우와 마찬가지로 반드시 많이 알아야 쓸 수 있는 것이 아니다. 오히려 책을 쓰기 때문에 많은 것을 알고 배우게 된다. 많은 사람들이 이런 과정을 알지 못하기 때문에 두렵고 떨리는 것이다. 그 두려움 속에서도 행동할 수 있는 용기가 필요하다.

지금도 상담을 하다 보면 책을 더 읽고 준비된 후에 시작하겠다는 사람들이 많다. 그들을 보면 과거의 나 자신을 보는 것 같아 안타까운 마음이 든다. 책 쓰기는 많이 안다고 해서 금방 '뚝딱'하고 쓸 수 있는 것이 아니다. 책을 쓰기 전에는 자신의 콘셉트와 유사한 경쟁도서 20~30권 정도는 공부해야 한다. 경쟁도서를 철저하게 분석하면서 필요한 참고도서도 읽어야 한다. 무엇보다 한 권의 책을 집필하는 동안 수많은 자료를 모으고 분석하며 검토해야 한다. 그리고 목차를 만들어서 그 속에 들어갈 내용까지 모두 완벽하게 갖추어야 한다. 이런 과정을 통해 이론을 체계화함으로써 제대로 된 진짜 공부를 하는 것이다.

책을 쓰는 과정은 이처럼 하나의 학습과정이라고 할 수 있다. 이 과정을 통해 많은 것을 배우고 익히며 깨닫게 되는 것이다.

고故 구본형 작가는 책을 쓰는 이유를 이렇게 말했다.

"알기 때문에 쓰는 것이 아니라 쓰기 때문에 참으로 알게 된다. 책을 쓴다는 것은 가장 잘 배우는 과정 중의 하나다."

그의 말처럼 많이 알고 있어서 책을 쓰는 것은 아니다. 부족하지만 책을 쓰는 과정에서 배우고 체계적으로 깊이 있는 공부를 하게 되는 것이다. 따라서 책을 쓰는 것은 단순히 책을 읽는 것과 다르다. 한 권의 책을 쓰는 데 적어도 그 분야의 100권 정도의 책은 읽고 공부해야 한다. 그래야 경쟁도서보다 더 훌륭한 책을 쓸 수 있다. '아는 만큼 보인다.'는 말이 있듯이 얼마나 많이 배우고 공부하느냐에 따라 책의 완성도가 달라진다.

따라서 무작정 책을 읽기만 한다고 완벽한 준비를 하는 것은 아니다. 그런 완벽한 준비는 평생 오지 않을 수 있다. 준비가 된 상태가 아닌 준비를 하고 있는 지금 책을 써야 하는 것이다. 책을 쓰면서 그 분야의 깊이 있는 독서를 통해 제대로 된 진짜 공부를 하는 것이다. 일단, 더도 덜도 말고 딱 한 권만 쓰자. 책을 쓴 성취감으로 그 다음 책은 쉽게 나아갈 수 있다. 나처럼 2년 동안이나 책 쓰기를 준비한다고 아까운 시간을 낭비할 필요는 없다. 그 시간에 더 많은 책을 쓸 수 있다. 나도 2년의 시간을 낭비하지 않았다면 훨씬 더 많은 책을 써서 더 성숙해 있었을 것이다. 진짜 공부는 책 쓰기를 위해 준비하는 시간이 아니다. 오히려 책 쓰기를 통해 스스로 배우고 터득하며 깨닫고 나아가는 것이다.

> 많이 알고 있어서 책을 쓰는 것은 아니다. 부족하지만 책을 쓰는 과정에서 배우고 체계적으로 깊이 있는 공부를 하게 되는 것이다. 따라서 책을 쓰는 것은 단순히 책을 읽는 것과 다르다. 한 권의 책을 쓰는 데 적어도 그 분야의 100권 정도의 책은 읽고 공부해야 한다. 그래야 경쟁도서보다 더 훌륭한 책을 쓸 수 있다.

8

세상은 당신의 스토리를 기다린다

"저는 책을 쓰고 싶은데 특별한 경험이 없어요. 책을 쓸 수 있을까요?"

"작가님은 고생을 많이 했지만 저는 너무 평범해서 쓸거리가 없어요. 괜찮을까요?"

책 쓰기를 상담하다 보면 자신의 스토리가 평범해서 책을 쓸 수 있을지 걱정하는 사람들이 많다. 그들은 특별한 고생이나 특별한 노력을 하지 않았기에 쓸 내용도 없다고 생각한다. 또한 프로필에 자신을 돋보이게 하는 스펙이 없어 별도로 스펙을 취득해야 되는지 묻기도 한다. 책을 쓰는 데 있어 학력이나 스펙은 필요 없다. 성공한 사람이든, 평범한 사람이든 자신이 살아온 인생 스토리는 가지고 있다. 그 인생경험은 성공한 사람뿐만 아니라 누구에게나 모두 소중하다. 그 소중한 경험들을 바탕으로 책을 쓰면 된다.

성공하면 성공한 대로, 평범하면 평범한 대로 자신의 스토리를 책으로 담아내야 한다. 어떤 사람도 스토리가 없는 사람은 없다. 사람들은 이런 소중한 스토리가 자신에게는 너무 익숙해져 있다. 그래서 그 스토리가 얼마나 소중하고 귀한 책 쓰기의 재료가 되는지를 깨닫지 못한다.

자신을 돌아보면서 즐거웠던 일, 슬펐던 일 등을 글로 풀어내면 멋진 한 권의 책이 된다.

독자들은 성공한 사람들의 스토리를 통해 간접적으로 인생을 배우고 깨달으며 벤치마킹을 한다. 평범한 사람들의 스토리는 비슷한 상황에 있는 독자들에게 더 친밀히 다가와 깊은 공감대를 느낄 수 있다.

나는 예비 작가들에게 스토리 형식으로 된 자기소개서를 1~2장 이내로 써서 메일로 보내라고 요청한다. 그들은 자신의 과거 경험했던 일과 현재 하고 있는 일, 미래에 하고 싶은 바람 등을 적어 보낸다. 그들 중 자기소개서를 1~2장 보내는 사람은 거의 없다. 자신의 스토리가 없다고 했던 사람들도 자기소개서의 분량이 대부분 2장 이상이다. 심지어 10장까지 보내는 사람도 있다.

그들은 처음에는 쓸 내용이 없었다고 말했다. 그런데 글을 쓰면서 자신의 경험과 생각들이 이어지면서 줄줄 써내려갔다는 것이다. 책 쓰기도 이와 마찬가지다. 대부분의 사람들은 처음에는 어떻게 써야 할지 막막해 한다. 하지만 무엇이라도 쓰다 보면 그 다음 글이 연계되어 한 권 분량의 책을 쓸 수 있는 것이다.

필자는 보내온 자기소개서를 참고로 그들의 직장생활이나 취미, 경험 등의 정보를 수집했다. 그리고 그들의 강점을 찾아 남과 차별화될 책 쓰기의 주제를 찾아나갔다. 그런데 그들은 하나같이 책을 쓸 주제가 걱정이었다. 나이가 많으면 많은 대로, 어리면 어린 대로, 평범하면 평범한 대로 주제를 찾지 못했다.

하지만 그들은 정작 중요한 것을 모르고 있었다. 어떤 사람이라도 자신만의 소중한 스토리가 있다는 것을. 그 스토리의 존재자체만으로도 가치가 있다는 것을 알지 못했다. 지금까지 너무 평범하게 살아왔기에 책에 담을 재료가 없다고 생각했던 것이다. 그리하여 필자는 컨설팅을 통해 그들의 고민이나 문제점 등을 하나씩 풀어나갔다.

그들의 말대로라면 《십 대가 진짜 속마음으로 생각하는 것들》의 정윤경 저자는 어떻게 책을 출간하게 되었을까? 저자는 겨우 중학생이었지만 책을 출간해서 작가가 되었다. 저자가 처음 책을 쓰겠다고 했을 때는 중학교 1학년에 불과했다. 평범하고 어리기만 한 중학교 1학년 학생이 얼마나 많은 스토리가 있어 책을 쓸 수 있었을까? 경험으로 말하면 저자는 도저히 책을 쓸 수 없는 나이다. 그러나 책을 썼고 지금은 청소년들의 롤모델이 되었다. 어떻게 책을 쓸 수 있었을까? 문제는 스토리가 없는 것이 아니라 없다고 생각하는 사람들의 의식에 있었다.

　이 책의 저자는 사람들이 말하는 평범하고 어리다는 단점을 모두 가지고 있었다. 하지만 자신의 의식만큼은 그 어떤 사람보다 높았다. 그렇다고 특별한 스토리가 있었던 것도 아니다. 요즘 시대의 사춘기들이 겪는 평범한 일상을 책으로 펴냈다. 이 책은 평범하기 때문에 오히려 더 독자들의 사랑을 받았다. 많은 청소년들에게 자신의 일처럼 다가왔기에 더 깊이 공감할 수 있었다.

　책 쓰기는 무엇인가 대단한 것을 쓰는 것이 아니다. 평범한 자신의 스토리에 신념과 가치 등의 메시지를 담아 세상에 알리면 된다. 물론 중학생의 신분으로 책을 쓰는 것은 쉬운 일이 아니었을 것이다. 학생신분으로 공부와 병행하니 중간에 그만두고 싶을 정도로 힘든 적도 있었다고 했다. 하지만 지금까지 노력한 것이 억울해서 포기할 수 없었다고 말했다. 책이 출간되자 중학생임에도 불구하고 강연요청과 방송출연으로 맹활약을 펼쳤다. 지금은 십 대들의 멘토가 되어 강연활동을 하며 행복한 시간을 보내고 있다.

　특별한 경험이 없는 중학생이 책을 썼다면 당신도 충분히 책을 쓸 수 있다. 누구에게나 삶의 여정이 있다. 그 속에 아픔과 슬픔이 있고, 기쁨과 행복이라는 각자의 삶이 있다. 각자의 삶 속에는 자신만의 스토리가 있으니 그 내용을 녹여서 책으로 쓰면 된다. 주제나 소재가 같고 생각이 같아도 얼마든지 다른 책으로 만들어질 수 있다. 이는 아무리 같은 주제라도 작가의 스토리나 메시지에 따라 전혀 다른 작품으로 탄생하기 때문이다. 예를 들면 같은 육아서를 쓰는 경우, 자식을 키운 경험으로 쓰는 책과 유치원교사로서의 경험으로 쓰는 책은 전혀 다른 책이 된다.

'어떠한 경험도 쓸모없는 것은 없다.'라는 말이 있다. 이 말은 비록 내가 힘이 들고 어려운 상황에 있어도 힘을 주었던 말이다. 나는 수많은 세월을 시련과 역경 속에서 지내왔다. 지나온 인생은 기쁘고 행복했던 삶이 아니라 슬프고 괴로웠던 삶으로 가득했다. 불행했던 과거를 들키지 않기 위해 마음속 깊이 숨겨놓기도 했다.

그러나 책을 쓰면서 그동안 마음속 깊이 숨겨놓았던 스토리를 하나씩 풀기 시작했던 것이다. 그러자 세상에는 어떠한 경험도 쓸모없는 것은 없다는 것을 알게 되었다.

처음 원고를 쓸 때는 무엇을 써야 할지 막막하기만 했다. 자신을 돌아보게 되었고 과거 속의 나를 만났을 때는 가슴이 먹먹했다. 왜 그렇게밖에 살지 못했는지 후회하기도 했다. 무엇이 잘못되었는지 파악하며 피를 토하는 심정으로 책을 쓰기 시작했다. 그리고 책을 쓰면서 스스로 반성하고 깨달으며 과거의 허물에서 벗어날 수 있었다.

책을 쓰는 과정은 정말 고통스러웠다. 자신만의 깊은 내면에 있는 아픈 과거를 그대로 토해내야 했기 때문이었다. 하지만 그 아픔을 극복했기에 원고를 완성할 수 있었고 나의 고통도 승화시킬 수 있었던 것이다.

《오늘 내가 살아갈 이유》의 위지안 저자는 서른 살에 세계 100대 대학 교수가 되었다. 그녀는 환경 경제를 공부하기 위해 노르웨이로

유학을 갔다가 중국으로 돌아와 푸딘 대학교 교수로 재직했다. 그녀는 '에너지 숲 프로젝트'를 정부에 제안하는 등 다양한 활동을 벌이던 중 말기 암 판정을 받았다. 인생이 절정의 나래를 펼치려는 순간 나락으로 떨어졌던 것이다. 하지만 그녀는 절망하지 않았고 앞으로 남겨진 시간들을 소홀하게 보내지 않았다.

자신의 과거와 현재를 돌아보며 깨달은 것들을 블로그에 연재하기 시작했다. 평범하지만 긴 울림을 주는 글은 많은 사람들에게 자신을 돌아보고 반성하는 계기가 되었다. 그녀의 글을 통해 어떤 사람은 위로를 받고, 인생을 바라보는 시각이 달라졌다. 또 어떤 사람은 다시 꿈을 꾸는 용기를 가지게 되었다.

그녀는 삶의 끝에서 자신이 깨닫게 된 것들을 우리에게 알려주기 위해 노력했다. 돈과 명예, 권력보다 삶에 대한 희망, 가족에 대한 사랑, 살아 있다는 것 자체만으로도 아름다운 인생이라는 것을……

자신의 이야기를 통해 단 한 명이라도 변할 수 있고, 희망을 가질 수 있기를 원했다. 결국 하얀 불꽃이 되어 사라졌지만 그녀가 남긴 스토리는 책으로 출간되었다. 이 책은 엄청난 반향을 일으키며 사람들의 가슴에 따뜻한 위로와 함께 큰 감동을 주었다.

그녀처럼 삶의 어떠한 순간에도 자신의 이야기를 글로 써내려갈 수 있어야 한다. 지금 살아가고 있는 이 시간은 두 번 다시 오지 않는 시간이다. 그리스 시인 소포클레스도 '네가 헛되이 보낸 오늘은 어제 죽은 이가 그토록 그리던 내일이다.'라는 말을 했다.

각자의 스토리는 그 자체로 소중하고 가치가 있다. 그러나 그 소중한 가치를 느끼지 못하고 지나가는 경우가 많이 있다. 단 한 번뿐인 인생이기에 더욱 가치 있는 경험으로 만들어야 한다.

삶이 아름답게 빛날 수 있는 것은 각자의 인생경험 속에서 배우고, 깨닫고 변화하기 때문이다. 이제 그 인생 스토리를 진솔하게 풀어내어 책으로 엮어보자. 그 소중한 스토리는 진가를 발휘하여 아름답게 빛나게 될 것이다.

누구에게나 삶의 여정이 있다. 그 속에 아픔과 슬픔이 있고, 기쁨과 행복이라는 각자의 삶이 있다. 각자의 삶 속에는 자신만의 스토리가 있으니 그 내용을 녹여서 책으로 쓰면 된다. 주제나 소재가 같고 생각이 같아도 얼마든지 다른 책으로 만들어질 수 있다. 이는 아무리 같은 주제라도 작가의 스토리나 메시지에 따라 전혀 다른 작품으로 탄생하기 때문이다.

2장

최고의
스펙은
자신의
저서이다

저서는 최고의 스펙이다

현재 대한민국은 글로벌 경제의 저성장 기조가 고착화되었다. 여기에 최순실 사태와 김영란법, AI, 구제역까지 겹치게 되었고, 경제의 버팀목으로 꼽히던 내수마저 얼어붙어 한국의 경제가 흔들리고 있다. 이에 따라 기업들이 도산되면서 실업자가 늘어나고, 자영업자들이 무너지면서 극빈층으로 전락하고 있다.

이재명 성남시장은 경기일보와의 인터뷰에서 다음과 같이 말했다.

"소득불균형과 불평등 역시 심화하고 있다. 소득 상위 10%가 전체 소득의 45%를 차지하고 자산 상위 10%가 전체 부의 66%를 소유하고 있다. 또 법정 최저임금 미만자가 266만 3천 명으로, 노동자 7명 중 1명은 최저임금도 못 받고 있으며, 임금노동자 1천 900만

명 중 월급을 200만 원도 못 받는 노동자는 45.8%(89l만 명)에 달한다. 경제는 순환인데, 순환이 안 돼 분배 양극화 현상이 심화하고 있다."

이재명 시장의 인터뷰를 통해 다시 한 번 답답한 한국경제의 현실을 절감할 수 있다. 그리고 만일 회사라도 잘리게 된다면 생계수단이 막막하여 극빈층으로 전락할 수 있다. 따라서 아무리 힘이 들어도 회사에 충성하고 헌신하는 회사형 인간이 되는 것이다.

회사형 인간은 보수가 많은 임원이라도 피해갈 수 없다. 적으면 적은 대로, 많으면 많은 대로 회사의 노예가 될 수밖에 없다. 이런 회사형 인간은 회사가 주는 월급으로 생활하지만 안정된 미래를 주지 않는다.

박노자의《주식회사 대한민국》에서 "대한민국에서는 대다수에게 안정적인 삶을 보장해주지 않는다. '재벌 대 하도급화된 중소기업'이라는 이중적 경제구조 때문이다. 재벌들의 직접 고용은 매우 제한적이며, 대부분은 각종 하도급이다. 따라서 영세업체에 고용되어 열악한 노동조건하에서 일하거나 비정규직 혹은 '알바' 신세를 면하지 못한다."라고 말했다.

한국인의 절반은 정규직이 아니라 비정규직이나 아르바이트로 생활하고 있다. 미래에는 정규직보다 대부분의 청년들이 비정규직으로 근무하며 혹사당할 것이다.

이렇게 힘들게 살고 있는 청년들을 삼포세대(결혼, 연애, 출산을 포기하는 것)라고 말한다. 하지만 삼포세대를 넘어 오포세대(삼포에 인간관계, 집을 포기), 칠포세대(오포에 취업, 희망을 포기)라고도 한다.

그들은 힘들게 취업한 일자리를 놓치지 않기 위해 결혼도 하지 않는다. 결혼을 해도 경제적 기반을 잡기 위해 자식을 늦게 낳으려고 한다. 심지어 자식을 포기하고 사는 사람들도 늘어나고 있다.

이런 불안한 심리를 반영하는 듯 많은 사람들이 스펙을 쌓으며 자기계발에 열중하고 있다. 더구나 무분별한 스펙 쌓기 경쟁으로 인하여 지금은 스펙 홍수시대가 되었다. 스펙을 위해서라면 무보수라고 해도 인턴십에 지원한다. 더구나 열정 페이란 말이 나올 정도로 사회적으로 큰 이슈가 되기도 했다. 최근 취업의 5대 스펙(학벌, 학점, 토익, 어학연수, 자격증)에 이어 8대 스펙(5대 스펙에 봉사, 인턴, 수상경력)이라는 신조어까지 생겨날 정도다.

그리하여 과잉 스펙 경쟁으로 오히려 기본적인 요건을 놓쳐 고배를 마시는 사람들도 늘어나고 있다.

요즘은 열심히 스펙을 쌓아도 모두가 스펙으로 무장한 시대라서 차별화가 없다. 오히려 취업포탈사이트 사람인에서는 과도한 스펙이 기업에 부담을 주어 감점으로 떨어질 수 있다고 했다. 그렇다고 스펙을 쌓지 않으면 자신만 뒤떨어지는 것 같은 생각에 안 할 수도 없다. 그런데 좋은 스펙을 가지고 취업을 했다고 하더라도 그 직장이 평생직장이 될지도 알 수 없다. 그래서 많은 사람들이 취업이나 승진, 이직을 위해 끝없이 자기계발을 하며 스펙을 쌓고 있는 것이다.

금수저 인생들은 부모를 잘 둔 덕에 스펙을 쌓지 않고도 남부럽지 않게 살아간다. 여기에 '돈과 백'이 만나고, '돈과 권력'이 만나니 세상은 흙수저가 아닌 금수저의 세상이 되었다. 그런데 흙수저인 사람들은 삼포세대를 지나 인간관계까지 포기하며 회사에 올인하는 오포세대로 살고 있다. 그들은 오포시대에 이어 언제 칠포세대로 전락할지 모르는 현실이 두렵기만 하다. 그렇다고 절망만 할 수는 없지 않은가. 어차피 금수저로 태어나지 못했다면 당신이 금수저가 되는 건 어떤가?

금수저가 되는 가장 좋은 방법은 책을 써서 성공하는 것이다. 책쓰기가 바로 자신이 할 수 있는 최고의 복수이자 금수저로 갈 수 있는 지름길이다.

대부분의 사람들은 자신을 알리기 위해 명함을 건네준다. 명함은 단돈 만 원만 주면 단시간에 쉽게 만들 수 있다. 하지만 저서는 자신의 모든 것이 담겨 있기에 오랜 시간이 걸리는 것이다. 즉 저서는 수많은 자료수집과 함께 방대한 원고 집필이 뒤따른다. 그래서 자신의 피와 땀으로 만들어진 결정체라고 할 수 있다.

나는 사람들에게 자신을 알리고 싶으면 명함 대신 책을 쓰라고 말한다. 책을 쓰면 자연히 세상에 알려지면서 인생이 바뀌게 된다. 이는 저서가 바로 최고의 스펙이기 때문이다. 각종 스펙들은 이력서에 기재하는 한 줄 스펙에 불과하지만 저서는 그렇지 않다. 저서는 나의 모든 것을 대변해 주기에 명함이나 이력서가 따로 필요 없다.

이는 저서가 '또 다른 나'를 탄생시키는 것이기에 나의 분신이나 다름없기 때문이다. 그 분신은 밤낮을 가리지 않고 24시간 나를 대신해서 일을 한다. 내가 자거나, 먹거나, 놀아도 유일하게 나를 대신해 독자들을 만날 수 있다.

책을 통해 만나는 독자들은 매우 다양하다. 그들은 삼포세대를 겪고 있는 피 끓는 청년일 수도 있고, 자기계발을 위해 끝없이 도전하는 직장인일수도 있다. 또 기업이나 기관의 임원일 수 있고, 꿈을 향해 나아가는 주부일 수도 있다. 그들이 책을 읽고 전화, 문자, 메일을 보내거나 특강을 요청할 수도 있다. 그러니 나의 분신인 저서한 권만 제대로 쓴다면 세상에 나를 알릴 수 있는 것이다.

다시 말하지만 우리가 취득하는 스펙 중 학위, 자격증, 어학연수 등은 모두 한 줄 이력서에 불과하다. 그러나 저서는 지금까지 살아온 저자의 인생역정이 모두 담겨 있는 책이다. 저자의 인생과 지식, 생각, 가치관, 철학까지 모두 녹아 있기에 그 어떤 스펙보다 가치 있다. 그래서 최고의 스펙은 자격증이나 학위를 취득하는 것이 아니라 저서라고 말한다. 따라서 스펙 쌓기에 목매지 말고 제대로 된 책 한 권만 쓰자.

저서가 바로 강력한 마력을 이끄는 최고의 스펙이다.

책을 쓰면 자연히 세상에 알려지면서 인생이 바뀌게 된다. 이는 저서가 바로 최고의 스펙이기 때문이다. 각종 스펙들은 이력서에 기재하는 한 줄 스펙에 불과하지만 저서는 그렇지 않다. 저서는 나의 모든 것을 대변해 주기에 명함이나 이력서가 따로 필요 없다.

인풋 자기계발을
아웃풋 자기계발로 바꾸자

　요즘은 학생이나 직장인, 주부할 것 없이 자기계발에 대한 바람이 거세게 불고 있다. 학생들은 취업을 하기 위해, 직장인들은 어떻게든 살아남기 위해, 주부들은 조금이나마 살림에 보탬이 되기 위해 자기계발을 통해 끊임없이 공부한다. 그들은 남들이 다하는 자기계발을 혼자만 하지 않는다면 도태되는 것처럼 불안해한다. 학생들은 각종 자격증과 봉사활동, 어학연수 등 겹겹이 스펙을 쌓기도 한다. 그럴수록 취업의 문은 좀처럼 열리지 않아 좌절하기도 한다.

　직장인들도 취업은 했지만 힘든 것은 마찬가지다. 기업을 흔들고 있는 경제 불황의 여파로 언제 해고될지 모르는 구조조정의 벼랑 끝에 내몰려 있다. 혹시나 모를 이직이나 승진을 위해 또는 도태되지 않기 위해 끊임없이 자기계발에 열중한다. 학생들처럼 자격증을 취득하거나, 외국어 실력을 쌓기 위해 새벽잠을 줄이며 학원도 다닌다. 미래를 준비하는 그들의 열정은 아름다움을 넘어 숭고하기까지 하다. 그런데 너도 하니 나도 한다는 인기종목 위주의 자기계발은 도움이 되지 않는다. 인기위주의 무차별식 자기계발은 영혼 없는 자기계발이나 마찬가지다.

얼마 전 상담한 직장인 K는 무척 열정적인 사람이었다. 책을 써서 작가가 되고 싶다며 무슨 일이 있어도 책 쓰기 특강에 꼭 오겠다고 약속했다. 그런데 특강 하루 전날 그녀에게서 참석할 수 없다는 전화가 왔다.

"회사에서 나오는 자기계발 지원금으로 공부했어요. 그 지원금으로 영어회화, 컴퓨터 등을 배웠고, 이번에는 책 쓰기를 배우려고 했어요. 그런데 지원금이 끊겨 배울 수가 없어요."

그녀는 지금까지 자기계발이 나오는 지원금에 한정해 자신이 하고 싶은 것을 배우고 있었다. 물론 그녀를 이해할 수는 있었다. 하지만 중요한 것은 목표를 정했을 때와 정하지 않았을 때는 다르다는 것을 말하고 싶다. 목표를 정하지 않았다면 지원금에 한해 여러 가지 배우는 것도 좋다. 그러나 저자가 되기 위해 책 쓰기를 목표로 정했다면 이야기는 달라진다.

내 꿈이 명확하고 확실한 목표가 있다면 지원금이 끊겨도 포기해서는 안 되는 것이다. 돈에 의해 좌우되는 꿈은 확고한 꿈이 아니라 막연한 꿈을 꾸는 것에 불과할 뿐이다. 진정으로 자신이 원하는 확고한 꿈과 목표를 달성하고자 한다면 자기계발 지원금에 한정시키면 안 된다. 이 길이 분명하고, 그만한 가치가 있다면 '나 자신'에게 투자해야 한다. 이 세상에 절대 '공짜'는 없다. 그만한 가치에는 반드시 그만한 대가가 따라 온다.

하지만 K는 진정한 자기계발이라기보다 남들이 하는 자기계발을 하려니 투자할 수 없었다. 막연한 꿈에 자신의 돈을 투자한다는 것이 아까웠던 것이다. 이러한 영혼 없는 자기계발은 회사에서 지원금이 나와도 그 목표를 향해 끝까지 가기 힘들다. 왜냐하면 언제든 공짜로 다시 들을 수 있기 때문에 그만큼 최선을 다해 노력하지 않기 때문이다.

물론 어려운 형편에 회사에서 자기계발지원금을 받을 수 있다면 경제적으로 큰 도움이 된다. 나도 과거 회사에서 자기계발지원금이 나온다는 것을 알고 컴퓨터, 재테크 등을 배우며 자기계발을 했다. 그러면서 조금씩 삶의 기쁨을 느끼기도 했다. 하지만 지원금으로 배우는 것이니 언제든 다시 들을 수 있어 힘들고 피곤하면 빠지기도 했다. 또 내가 원하는 과목보다 지원해주는 과목에 한정되어 있어 맹목적인 자기계발로 흘러갔던 것이다. 그러자 자기계발의 열정은 서서히 사라지면서 무기력한 삶이 다시 시작되었던 것이다.

이처럼 많은 사람들이 자기계발을 시작하지만 작심삼일로 끝나는 경우가 많다. 비록 치열한 노력으로 그 목적을 이룬다고 하더라도 인생은 쉽게 달라지지 않는다. 세상이 그만큼 녹록치 않다. 그런데 한

분야의 전문가가 된다면 이야기는 달라진다. 세상은 전문가를 원하고 어떤 조직이든 구성원에게 그 분야의 전문가가 되기를 바란다. 전문가야말로 조직이 원하는 지식과 정보, 경험까지 갖추고 있기에 최고의 성과물을 낼 수 있다. 많은 사람들이 전문가가 되기 위해 스펙을 쌓고, 책을 읽으며 자기계발에 매달리고 있는 이유이기도 하다.

그런데 많은 스펙을 쌓는다고 전문가가 될 수 있을까? 물론 가능은 하다. 지금은 모두 스펙을 쌓는 시대이니 낙타가 바늘구멍에 들어가는 것만큼만 가능하다. 하지만 자신의 전공분야를 책으로 쓴다면 전문가는 쉽게 가능해진다. 그야말로 책 쓰기는 그 어떤 스펙보다 가장 빠르게 전문가로 가는 길이다. 그래서 책을 읽고 인풋만 하던 독자들도 아웃풋이라는 책 쓰기에 몰리고 있는 것이다. 특히 저자들의 성공 스토리는 강한 동기부여를 일으키는 인풋 자기계발이 되기도 했다.

책을 쓰기 전 독자의 입장에서 읽는 독서와 저자관점에서의 독서는 다르다. 독자의 입장에서 읽는 인풋 과정은 특별한 규칙이 없다. 어떤 독서든 자신에게 맞는 독서를 하면 된다. 그러나 저자의 관점에서 책을 읽을 때는 신중하게 도서를 선택해야 한다. 대부분의 독자들은 수십만 부, 수백만 부씩 팔린 저자들의 책을 읽는 것을 선호한다. 이런 책은 자신의 전문성을 살리기 위해서는 적합하지 않다. 100만 부 팔렸다면 100만 명이나 되는 사람들이 책을 읽었으니 너도 나도 안다는 말이다. 누구나 쉽게 알 수 있는 내용은 전문성을 살리지 못한다. 유명도서보다 아무도 알지 못하는 전문성을 살리는 책이 중요한 것이다.

　나는 무지의 벽을 깨고 미래를 재정립하기 위해 책을 읽었다. 아무런 지식도 없었고 무엇부터 읽어야 할지 몰랐기에 베스트셀러 위주로 인풋 시키며 나갔다. 책을 읽으면서 그 속에서 소개되는 추천도서들로 지식을 채우며 계속해서 인풋 시켰던 것이다. 그러자 지각의 변동이 일어나면서 사고력이 생기고 의식이 팽창되기 시작했다. 마침내 영혼이 맑아지며 책 쓰기라는 아웃풋을 토해낼 수밖에 없었다.

　필자는 현재 책 쓰기 코치로 활동하고 있으며 〈조경애 책쓰기연구소〉를 운영하고 있다. 지금까지 경험한 것과 배움을 통해 얻은 삶의 지혜로 아픔을 겪고 있는 청춘들을 치유하고 있다. 그들이 내면의 소리에 따라 자신이 원하는 것을 찾을 수 있고, 좋아하는 것을 할 수 있도록 돕고 있는 것이다,

　얼마 전 상담하면서 마음이 참 따뜻한 분이라고 느낀 여성이 있었다. 그녀는 부동산 중개업으로 자수성가한 사람이다. 많은 투자 건으로 바쁜 생활을 하면서도 손에서 책을 놓지 않고 있었다. 젊어서부터 현장에서 부딪히고 깨지면서 수많은 고생을 하면서도 포기할 줄 모르는 사람이었다. 지금은 부동산 투자로 많은 재산을 불리면서 사업가로 성공했다. 그리고 그 사업을 통해 삶의 기쁨을 누리면서도 독서라는 인풋 자기계발을 하고 있었다.

　나는 그런 그녀에게 말했다.

　"대표님은 지금까지 책도 많이 읽으셨고 삶의 경험도 풍부하시네

요. 그 경험들을 엮어 책으로 한 권 써보시는 게 어떻겠어요?"

그러자 그녀는 펄쩍뛰면서 고개를 흔들며 말했다.

"저는 책 읽는 것만으로도 즐겁고 행복합니다. 제가 나이도 많고 특별한 능력이 있는 것도 아닌데 무슨 책을 쓸 수 있겠어요?"

"책은 특별한 능력이 있어서 쓰는 것이 아니라 꿈과 열정이 있으면 누구나 쓸 수 있습니다. 대표님은 누구보다 꿈을 가지고 열정적으로 살아오셨기에 충분히 쓸 수 있습니다. 그리고 대표님은 연세만큼 풍부한 경험이 있기 때문에 그 경험을 바탕으로 쓰시면 오히려 나이가 장점이 될 수 있습니다."

"그래도…… 자신이……."

"대표님은 책을 읽으면 행복하다고 하셨죠. 책을 쓰면 그 행복이 수십 배, 수백 배가 됩니다. 아니 말로 표현할 수 없을 정도로 행복합니다. 제가 도와드리겠습니다."

"……"

책을 쓰지 않은 사람들에게 처음 책을 쓰라고 하면 어떻게 책을 쓰느냐고 지레 겁부터 먹는다. 그녀도 마찬가지였다. 책을 쓰라고 하니 책을 쓸 수 없는 이유만 나열했다. 그녀처럼 아무리 책을 많이 읽어도 책을 쓰지 않으면 별다른 인생의 변화를 느끼지 못한다. 물론 자신의 지식을 채우거나 품위 유지를 하기 위해서 독서를 하는 것이라면 상관하지 않는다. 그것이 아니라면 책을 읽는 것에 그치는 것이 아니라 책을 써야 한다. 인풋이 있으면 아웃풋이 있는 것은 당연한 것이 아닌가? 우리가 밥을 먹으면 화장실에 가는 것과 같은 이치다.

그녀는 나와 상담을 마친 후 기대 반, 불안 반으로 서서히 책 쓰기에 돌입했다. 그렇게 시작해서 초고를 완성하고 탈고를 거쳐 책을 출간하게 되었다. 그 주인공이 바로 《꿈은 나의 인생이 되었다》의 정길순 작가다.

책이 출간되었을 때, 나는 그녀의 책에 키스까지 하며 그 기쁨을 표현하기도 했다. 지금 그녀는 작가로서 독자들의 사랑을 받으며 활발한 강연활동을 하고 있다.

우리는 누구나 자신의 내면에 잠재된 능력이 있다. 많은 사람들은 그것을 알지 못하고 책을 읽는 인풋 자기계발에만 노력한다. 물론 과거에는 책만 읽어도 성공하는 사람들이 많았다. 이제는 책만 읽어서 성공하기 힘든 세상이다. 독서는 기본이고 더불어 책 쓰기가 병행되어야 인생을 바꿀 수 있다. 모든 책 쓰기는 독서로 시작하지만 책을 쓰게 되면 자연히 독서도 함께 병행하게 된다.

이제는 책만 읽어서 성공하기 힘든 세상이다. 독서는 기본이고 더불어 책 쓰기가 병행되어야 인생을 바꿀 수 있다. 지금까지 인풋 자기계발만 했다면 이제는 아웃풋 자기계발로 바꾸어야 한다. 그러면 당신이 상상도 못 할 역전의 인생이 나타날 것이다.

생애 최고의 학위인 저서

　많은 사람들이 아직까지 책 쓰기가 교수나 전업 작가들의 전유물이라고 생각한다. 그러나 실상은 전업 작가뿐만 아니라 대학생, 주부, 직장인 등 다양한 사람들이 책을 출간하고 있다. 특히 경기가 불안해질수록 책을 쓰거나 자기계발에 투자하는 사람들이 많아지고 있다. 그 이유는 경기가 불안하면 기업이 흔들리고 회사에서 자신의 위치도 흔들리기 때문이다. 누가, 언제, 어떻게 될지 알 수 없으니 자신의 경쟁력을 갖추기 위해 노력하는 것이다. 그래서 많은 사람들이 적극적으로 자기계발에 투자하고 있는 것이 지금의 현실이다.

　나 역시 과거 직장생활을 하며 자기계발을 하기 위해 열심히 배우러 다녔다. 자기계발을 하면서 조금씩 삶의 의욕을 찾기 시작했던 것이다. 그러자 본격적으로 직장도 그만두고 3년 동안 생존 독서에 들어갔다. 조금이라도 더 배우고 깨닫기 위해 저자강연회나 각종 특강도 적극적으로 찾아 다녔다.

나는 그때까지만 해도 작가가 되겠다는 생각을 전혀 하지 않았다. 오로지 인생의 실패를 두 번 다시 겪지 않기 위해 시작한 독서였다. 그리고 독서를 하면서 삶의 활력이 생겨나 더욱 열정을 쏟을 수 있었다. 또한 독서에 대한 강의를 통해 독서지도사, 논술지도사, 한글지도사 자격증을 취득했다. 나아가 인문학, 소학, 철학 등 각종 강의와 명사들의 강연을 들었던 것이다. 조금씩 지식이 쌓이기 시작하면서 본격적으로 미래를 준비해야겠다고 결심했다. 그리하여 강의를 통해 알게 된 교수님과 나의 진로에 대한 상담을 하게 되었다.

당시 교수님의 말씀은 '지금은 한류바람으로 한국어 열풍이 세계적으로 불고 있다. 그래서 한국어 교사들이 외국으로 많이 나간다. 한국은 정년이 제한되어 있지만 외국은 그렇지 않다. 외국에 나갈 생각이 있다면 한국어교사 자격증을 취득해야 한다. 한국어교사 자격증은 학점은행제, 사이버 대학, 4년제 대학, 대학원 등에서 취득할 수 있다. 외국을 나갈 경우에는 학사학위보다는 석사학위를 선호한다.'는 말씀이었다.

나는 고민과 갈등을 하다가 교수님을 믿고 대학원에 편입했다. 이와 동시에 1년 동안 학점은행제에서 보육교사 자격증과 함께 학위를 취득했다. 대학원 졸업논문이 통과되고 석사 학위증과 한국어교사 자격증이 나오면 외국으로 나가려고 했던 것이다. 그러면서 손에서는 책을 놓지 않고 있었다. 그때까지 독서는 하고 있었지만 책 쓰기는 자신이 없어 마음속 깊은 곳에 숨겨두었다. 그러나 그 내면의 깊은 곳에서 책을 쓰라고 소리치고 있었지만 나는 그 소리를 애써 외면했다. 지금은 아니지만 언젠가는 책을 쓰겠노라고……

그로부터 며칠 지나지 않아 우연한 기회에 지인의 저자강연회에 참석하게 되었다. 나는 그곳에 참석하고 신선한 충격을 받았다. 바로 그때 확신이 생긴 것이다. '그도 했으니 나도 할 수 있다.'는 것을……

물론 3년 동안의 생존 독서와 생존 글쓰기는 나에게 책을 쓸 수 있는 든든한 밑거름이 되어 주었다. 그 밑거름을 바탕으로 책을 쓰기 위해 처절하게 노력했다. 그 노력이 결실을 맺어 첫 저서 《관점을 바꾸면 인생이 달라진다》를 출간할 수 있었다. 이어서 《진짜 인생 공부》를 펴내 많은 독자들의 책 쓰기에 대한 문의 메일이 끊임없이 이어진다.

"조경애 코치님, 다시 도전할 수 있는 힘을 주어 감사합니다. 저도 책을 써서 인생을 바꾸겠습니다."

"책을 읽고 감동을 받았습니다. 직업이 30년 운전기사인데 저도 책을 쓰고 싶습니다."

"코치님, 더 나은 삶을 살고 싶습니다. 저도 책을 쓸 수 있을까요?"

한마디로 말하면 책은 누구나 쓸 수 있다. 과거에는 특별한 사람들이 쓰던 책 쓰기를 지금은 다양한 계층의 사람들이라도 얼마든지 가능하다. 직장인이나 주부들의 강연회가 해마다 늘어나고 있는 이유도 이런 이유 때문이다.

책을 쓰면 강연을 비롯하여 많은 기회가 찾아오기에 자연히 성공도 함께 따라 온다. 이제는 남들이 다하는 스펙으로 성공하기 어렵다는 것을 깨닫게 된 것이다.

이 시대는 대학원을 진학해 석사나 박사학위를 받아도 전문가로 인정받기 힘들다. 반면에 제대로 된 저서 한 권만 있다면 바로 전문가로 인정받는 세상이 된 것이다.

이처럼 저서가 가지는 힘은 엄청나다. 이런 엄청난 힘 때문에 많은 사람들이 각종 자격증이나 학위에서 책 쓰기로 전환하고 있다. 그들 중에는 정치인, 기업의 CEO, 직장인, 주부, 학생 등 신분이나 직업여부를 따지지 않는다.

정치인들은 선거철만 되면 자신의 과거 정치생활을 자서전으로 쓰는 사람들이 많다. 기업의 CEO는 회사를 이끌어 오기까지의 성공노하우를 책으로 쓴다. 그들은 책을 통해 자신의 이름뿐만 아니라 기업의 이미지까지 함께 알리기도 한다.

책 출간을 통해 자신뿐만 아니라 회사의 이미지까지 극대화시켜 성공하는 사람들은 많이 있다. 《10미터만 더 뛰어봐》의 저자 김영식 회장, 김승호의 《김밥 파는 CEO》, 김성오의 《육일약국 갑시다》 등은 많은 사람들에게 알려져 있다.

그들은 저서를 통해 사업의 이미지가 크게 부각되어 책 쓰기의 효과를 톡톡히 본 사람들이다.

　결국 자신을 알리고 브랜드 가치를 높일 수 있는 최고의 지름길은 자신의 저서라고 할 수 있다. 그 어떤 학위나 스펙보다도 전문가로 인정받을 수 있는 기회의 장이거니와 전문가로 갈 수 있는 생애 최고의 학위가 되는 것이다.

　지금까지 전문가라고 하면 어떤 분야의 자격증이나 학위를 취득해야 전문가로 인정했다. 그 자격증은 학원을 다니거나 수천만 원을 들여 대학원을 진학해야 학위를 취득할 수 있다.

　한때 기업에서 MBA 학위를 최고의 스펙으로 인정해주던 시절이 있었다. 당시 사람들은 서로 경쟁하며 MBA 학위를 취득했다. 그러자 최고의 학위였던 MBA는 흔한 학위가 되어 버렸다. 그야말로 자격증이나 학위를 취득하며 스펙을 쌓아가는 세상이 된 것이다.

　세상이 발전하면서 사람들의 인식도 달라져야 한다. 업그레이드된 세상에서 누구나 취득하는 스펙으로는 전문가로 인정받을 수 없다. 그런데도 아직까지 학위만을 고집할 것인가? 지금은 누구나 쌓는 스펙이 아닌 자신만이 가진 경험과 전문지식을 책으로 써야 하는 전문가 2.0 시대다.

　회사에서 전문적인 지식이 풍부하고 유능한 사람이라도 자신을 계발하지 않으면 소용없다. 회사에서 나가는 순간 그 자리는 언제든지 다른 사람으로 대체되어 잘 돌아간다. 당신이 없으면 안 되는 위치가 되기 위해서는 당신의 책을 써서 입지를 굳혀야 한다. 책을 쓰면 당신 이름 석 자는 세상에 알려지면서 많은 독자들을 만나게 될 것이다. 그들이 책을 통해 공감하고 동기부여가 되었다면 그것으로도 당신은 보람을 느낄 것이다.

더구나 그 책이 베스트셀러가 된다면 부와 명예까지 함께 얻을 수 있다. 각종 강연이나 방송출연 등 다양한 기회가 주어지면서 자신의 분야를 확장할 수 있다. 독자들도 당신의 저서를 통해 인생의 터닝 포인트를 찾을 것이다. 그리고 자신의 미래를 위해 책 쓰기에 도전하는 선순환도 함께 이루어질 것이다.

이 시대는 대학원을 진학해 석사나 박사학위를 받아도 전문가로 인정받기 힘들다. 반면에 제대로 된 저서 한 권만 있다면 바로 전문가로 인정받는 세상이 된 것이다.

박사학위보다 빛나는 저서

과거에는 고등학교만 졸업해도 취업해서 먹고사는 데는 문제없었다. 지금은 대학을 졸업해도 취업하기 힘든 세상이 되었다. 취업이 힘들어지자 생존권마저 위협을 받는 신세로 전락한 것이다.

사람들은 취업을 하기 위해 각종 자격증이나 학위를 취득하고자 대학원을 진학한다. 하지만 석사나 박사학위를 취득해도 여전히 취업의 문은 쉽게 열리지 않는다. 그들은 과거와는 달리 자신의 전문성을 살리기보다 인기종목을 따라가는 경우가 대부분이다. 남들이 하니 어쩔 수 없이 학위라도 취득하는 것이다. 그래서 너 나 할 것 없이 트렌드를 좇아 학위를 취득하니 석사, 박사는 흔한 학력이 되었다.

이제는 자격증이나 학위를 취득해도 취업이 힘들어진 세상이 된 것이다. 고졸들의 전유물이었던 9급 공무원시험도 고학력자들이 몰리면서 치열하게 경쟁하고 있다. 학력과는 전혀 상관없는 단순노무직 지원에도 고학력자들이 지원하고 있다. 나 역시 대학원까지 다녔지만 학력과는 아무 상관없는 자동차운전학원 강사로서 지냈다. 나뿐만 아니라 그곳에 있는 강사들 중에도 고학력을 가진 사람이 많이 있었다. 수많은 돈과 세월을 바쳐 취득한 학위가 제대로 쓰이지 못하고 있는 것이다.

하지만 이런 곳도 취업하기는 결코 쉽지 않다. 자동차 운전 기능 강사 자격증을 취득해야만 취업을 할 수 있는 자격이 주어질 뿐이다. 취업했다고 하더라도 절대 안심할 수 없다. 풍전등화와 같은 지금의 경제 상황에서 언제 해고당할지 알 수 없다. 요즘 같은 불경기에서 모두가 부러워하는 직업은 공무원이라고 할 수 있다. 과거 아이들의 장래 희망을 물으면 대부분 '대통령'이라고 말했다. 지금은 '공무원'이라고 말하는 현실에서 삶의 무게가 느껴졌다.

나는 사람들이 대학원에 진학할지, 책 쓰기를 할지 망설이는 사람들을 보며 "왜 대학원에 가려고 하나요?" 하고 물어보았다. 그러자 그들은 하나같이 이렇게 대답했다.

"많은 사람들이 미래를 위해 자기계발을 하고 스펙을 쌓고 있습니다. 저도 불안한 미래를 대비하기 위해 대학원에 진학해서 학위를 취득할 예정입니다. 앞으로 직장을 그만두었을 때를 생각해 미리 학위라도 취득하면 도움이 될 수 있을 것 같습니다."

"그럼 학위를 취득하면 취업할 수 있나요? 아니면 전문성을 살려서 학교에 남으실 생각인가요?"

"……."

  그들은 현실이 막막하고 미래가 불안하다. 스펙을 쌓아도 모두가 스펙으로 무장하는 세상이니 여전히 불안하기는 마찬가지다. 최후의 수단으로 대학원에서 학위를 취득하려고 한다. 이 또한 남들도 밟는 과정이니 차별화되지 않는다. 사실 대학원은 남들이 가지 않는 곳이기 때문에 전문가로 인정받을 수 있는 최고의 과정이었다. 지금은 너도 나도 가는 식의 대학원으로 전락되어 희소성의 가치가 사라졌다. 고학력실업자는 포화상태가 되었고 취업의 문은 요원해졌다. 결국 필요 없는 학위취득에 아까운 시간과 돈만 낭비하는 현실이 안타깝기만 했다.

  온라인 취업포털 사람인이 기업 인사담당자를 대상으로 조사했다. 그 결과 취업을 위해 쌓는 스펙 중 필요 없다고 생각하는 스펙으로 '석사, 박사 학위'가 가장 많았다. 오히려 석사, 박사학위의 스펙을 갖춘 지원자에게 불이익을 주어 탈락한 경우도 있었다. 그 이유는 불필요한 스펙으로 '높은 연봉, 조건을 요구할 것 같아서'라고 답했다. 이처럼 대부분의 사람들이 생각하는 것과 달리 기업들은 석사, 박사학위를 우선으로 하지 않았다. 차라리 무분별한 석사, 박사학위는 직무에 대한 부담감만 가중시켜 회피대상만 될 뿐이었다.

  이제는 석사, 박사학위 취득으로 더 이상 성공하기 어려운 세상이다. 자신의 전문성을 살려 학교로 간다고 해도 시간강사로 끝나는 경우가 대부분이다. '돈과 백'이 없는 사람에게 전임강사라는 타이틀은 낙타가 바늘구멍에 들어가는 격이다.

　필자의 한 지인은 현재 남들이 말하기 좋은 대학교수다. 말은 교수라고 하지만 시간강사로 뛰어다닌 지 10년이 넘었다. 그녀는 전임강사로 발탁되지 않은 상태에서 시간강사 생활이 10년 넘으면 이 일도 하기 어렵다고 말했다. 그나마 그녀는 인맥이 있어 아직까지 강사생활을 하고 있지만 강사비로 받는 월급은 보잘 것 없었다. 여러 군데를 뛰어다니며 강사생활은 하고 있지만 이제 나이가 드니 한계를 느낀다고 말했다. 그녀의 현실에서 전임강사란 한낱 꿈에 불과한 일처럼 요원하기만 했다.

　그녀처럼 많은 사람들이 자신의 전공분야를 살려 엄청난 노력을 통해 학위를 취득한다. 이들은 더 높은 곳을 향해 열심히 노력하지만 현실의 벽은 높기만 하다. 여기저기 돈이 되는 곳이면 기관이나 기업, 대학 등에서 강의를 하지만 생활하기도 벅차다. 그들은 힘들게 취득한 석사, 박사학위가 있지만 전문가로서의 인정을 받지 못하고 있다. 그런데 석사, 박사학위도 없지만 같은 시간을 강의해서 높은 몸값을 받는 강사들이 있다. 그들 중 대부분은 학사학위이지만 전문학사나 고졸학위를 가지고 있는 강사들도 있다. 고졸학위를 가지고도 석사, 박사학위보다 높은 몸값을 받을 수 있는 이유는 무엇일까? 그 이유는 바로 자신의 저서를 출간했기 때문이다.

　주위에는 아직도 '학위를 취득하면 좀 더 나아지지 않을까?'라는 기대감으로 학위를 취득하는 사람이 많다. 하지만 현실은 그리 녹록치 않다. 박사학위는 잘해도 5년, 잘못하면 평생 취득하기 어려울 수 있다. 설령 취득한다고 해도 고학력 실업자가 넘치는 세상에서 미래를 보장받기 힘들다. 반면에 저서는 몇 개월이면 쓸 수 있고 출간과 동시에 전문가로 대우받을 수 있다. 그런데도 시간과 돈을 낭비하면서 대학원에 가야 할까?

나는 사람들에게 "대학원보다 책을 써서 자신을 알리세요."라는 말을 아끼지 않았다. 그들은 "코치님, 그래도 책을 쓰려면 대학원을 진학해야 그 분야의 전문가로 인정받지 않을까요?"라고 되묻는다. 물론 학위가 없는 것보다 있는 것이 낫다. '이왕이면 다홍치마'란 말이 있지 않는가. 책을 출간했을 때, 박사학위라는 프로필만으로도 독자들에게 전문가라는 인식을 심어줄 수 있다. 하지만 프로필을 쓰기 위해 석사, 박사과정이라는 5년의 세월을 보내야 한다. 즉 프로필 장식을 위한 수단으로 짧아야 5년, 길면 몇 년이 걸릴지도 알 수 없는 학위취득이다.

만약 학위를 취득한다고 해도 전문가로 인정받을 수 있는지 알 수도 없다. 반면에 저서는 한 권만 제대로 출간해도 전문가로서 인정받을 수 있다. 수많은 돈과 시간을 들여 학위에 목매지 말고 차라리 그 시간에 책을 쓰라고 말하고 싶다.

《나는 아내와의 결혼을 후회한다》의 저자 김정운 교수는 명지대에 재직 중이었다. 그는 교수라는 학위를 가지고 있음에도 불구하고 책을 써서 세상에 자신의 이름을 알렸다. 그의 책은 하나같이 제목이 섹시하고 강력해서 독자들의 호기심을 자아내기에 충분했다. 열광한 독자들은 각종 강연과 방송출연을 요청했다. 그는 힘들게 취득한 교수직이었지만 바쁜 강연활동으로 유명해지면서 그만두었다. 지금은 자신이 하고 싶은 일을 하며 가슴 뛰는 인생을 살고 있다. 결국 저서가 박사학위나 교수보다 훨씬 가치 있고 매력적이라는 것을 보여주고 있다.

이처럼 석사, 박사학위는 취업하기 위해 이력서에 기재하는 한 줄 스펙에 불과하다. 또한 석사, 박사학위는 저서의 프로필을 장식하는 데 불과할 뿐이다. 그러나 저서는 프로필을 포함한 저자의 모든 것이 담긴 한 권 분량의 책이다. 그리고 저서는 출간됨과 동시에 세상에 나를 알리면서 그 분야의 전문가로 인정받는다.

따라서 한 줄 스펙에 불과한 박사학위에 목매지 말고 당신 이름이 들어간 책을 쓰자. 당신 이름이 들어간 저서 한 권이 그 어떤 박사학위보다 아름답게 빛난다.

> 석사, 박사학위는 취업하기 위해 이력서에 기재하는 한 줄 스펙에 불과하다. 저서는 출간됨과 동시에 세상에 나를 알리면서 그 분야의 전문가로 인정받는다.

왜 성공한 사람들은 책 쓰기에 집착할까

발명왕으로 알려진 토머스 에디슨은 어린 시절부터 '구제불능', '바보'라는 소리를 들었다. 상대성이론의 창시자인 아인슈타인은 중학교 수학 성적이 낙제점이었다고 한다. 《뿌리》의 저자 알렉스 헤일리는 거듭되는 원고거절로 4년 동안 출판사를 찾아다녔다. 링컨은 대통령이 되기까지 수많은 실패가 그의 발목을 잡았다. 그러나 그는 실패에 굴복하지 않고 끝까지 도전했기에 대통령이 될 수 있었다. 어느 날 한 기자가 링컨에게 그의 성공비결을 물었다. 그러자 링컨은 이렇게 대답했다.

"그것은 너무도 간단합니다. 실패를 많이 경험한 것이 저의 성공비결입니다."

그의 말처럼 가슴에 큰 꿈을 품은 사람일수록 그렇지 않은 사람에 비해 많은 도전을 한다. 그 과정에서 수많은 실패를 거듭하면서 숱한 어려움에 처하게 된다. 그러나 이런 어려움을 극복한 뒤 주어지는 성공의 크기는 세상 모두가 부러워할 정도로 눈부시다.

성공 후에 따라오는 보상은 꿈에 이르기까지 쏟았던 땀과 눈물, 시간을 모두 상쇄하고도 남는다. 그래서 성공한 사람들은 죽을 만큼 힘든 상황에서도 꿈을 포기하지 않는다. 오히려 실패를 거울삼아 자신의 단점을 고치고 보완해서 성공으로 이끌어 낸다. 그리고 자신을 갈고 닦으며 계속해서 도전하기를 반복한다.

책 쓰기 특강에서 만난 40대 중반의 여성과 상담한 적이 있었다. 그녀는 과거 자살까지 생각할 정도로 힘든 고통을 겪었던 사람이었다. 수많은 인생의 역경이 있었지만 굴복하지 않았기에 부동산사업으로 성공할 수 있었다. 그녀는 성공한 사업가이지만 자신을 위한 자기계발에도 투자하는 열정적인 사람이었다. 자신의 외적팽창인 부와 함께 자신의 가치도 높이고자 상담을 요청했다. 사업에 성공해 부를 이룬 그녀에게도 이루지 못한 것이 있었다. 그것은 바로 책 쓰기였다.

책 쓰기 특강을 들어도 책 쓰기에 대한 필요성을 느끼지 못하는 사람들이 많다. 책을 써야겠다고 생각하는 사람조차도 아직은 때가 아니라고 말하는 사람들이 대부분이다. 그들의 한결같은 대답은 "책은 쓰고 싶은데 아직 준비가 되어 있지 않아서요.", "집에 가서 상의해봐야겠어요."라는 대답만 메아리로 들려올 뿐이다.

하지만 그녀는 우물쭈물하는 스타일이 아니라 결심하면 바로 행동으로 옮기는 사람이었다. 자신의 생각이 확고해지자 그때부터 치열하게 책을 써내려가기 시작했다. 사업을 하면서 틈새시간을 이용해 책을 쓰다 보니 과로가 누적되었다. 결국 병원에 입원까지 했지만 책 쓰기는 멈추지 않았다. 그녀의 처절한 책 쓰기는 계속되어 마침내 《나는 쇼핑보다 부동산투자가 좋다》를 출간하게 되었다. 이 책은 12년 동안 자신의 실전투자 경험을 바탕으로 쓴 것이었다.

그녀는 책을 통해 자신의 이름뿐만 아니라 사업까지 알려지면서 유명해졌다. 현재 '아라 부동산 아카데미'를 설립해서 부동산에 관한 실전투자 비법을 전수하고 있다. 저서 한 권으로 유명인사가 되어 사업은 갈수록 번창하고 있다. 많은 사람들이 부동산 비법을 배우기 위해 그녀의 사무실을 찾아간다. 자신을 찾아온 사람들에게 부동산에 대한 컨설팅과 코칭을 하며 활발한 활동을 하고 있다.

그녀처럼 이미 성공해서 돈까지 잘 버는 사람들이 책까지 쓰는 이유는 무엇 때문일까? 그 이유는 대중에게 친근하게 다가갈 수 있는 유일한 통로가 바로 책이기 때문이다. 책은 대중에게 다가설 수 있는 효과적인 매체로 쉽게 공감하고 소통할 수 있다. 성공한 사람들은 그것을 잘 알고 있기에 책 쓰기를 통해 새로운 기회를 만들려고 한다. 책을 통해 사람들에게 자신의 이름과 함께 사업까지 알리면서 마케팅을 하는 것이다. 즉 성공한 사람들은 더 큰 부와 명예를 얻기 위해서 바쁜 가운데도 치열하게 책을 쓰는 것이다.

또한 그들은 자신과 회사를 알리기 위해 책을 써서 더 큰 효과를 얻으려고 한다. 이는 다른 무엇보다 책을 통해 얻게 되는 시너지 효과를 그 누구보다 잘 알고 있기 때문이다. 그래서 밤늦은 시간에도 홀로 앉아 키보드를 두드리고 있는 사람들이 많은 것이다. 저서가 한 권, 두 권 쌓이게 되면 저자의 역량은 점점 더 커지게 된다. 저서가 쌓일수록 활동영역은 넓어지면서 가슴 뛰고 행복한 삶을 살 수 있다. 그들은 이런 비결을 알고 있기 때문에 계속해서 책을 쓰며 자신의 활동범위를 넓히고 있다.

실제로 나는 상담을 통해 사람들이 자신의 꿈을 향해 나아가도록 조언한다. 그들은 나의 조언을 통해 최대한 시간을 단축해서 자신의 꿈을 위해 노력한다. 그 꿈이 달성되면 다시 새로운 꿈으로 업그레이드하여 계속해서 도전하며 나아간다.

《아프니까 청춘이다》의 김난도 교수는 서울대학교 법과대학과 행정대학원을 졸업했다. 그 후 미국 남캘리포니아 대학USC에서 박사학위까지 받았고, 남들이 말하는 최고의 스펙으로 서울대학교 소비자학과에서 학생들을 가르쳤다. 그는 학교에서 존경받고 부러움을 받는 교수였지만 하고 싶은 것이 있었다. 바로 책 쓰기였고 그 끈을 놓지 않았다. 2007년 《럭셔리 코리아》를 비롯해 《아프니까 청춘이다》, 《트렌드 코리아》의 시리즈를 매년 출간하고 있다.

《아프니까 청춘이다》의 출간은 100만 부 이상이 판매되는 경이적인 기록을 세웠다. 지금은 200만 부 판매 돌파까지 앞두고 있는 상황이다. 현재 중국, 일본을 비롯하여 세계적으로 수출해 출판계의 한류 바람을 일으키고 있다.

그는 책을 쓰기 전에도 서울대학교에서 인기 있는 교수였다. 하지만 여기에 만족하지 않고 자신이 좋아하는 책을 써내려갔다. 그러자 세상이 주목하는 유명저자로, 청춘들의 멘토로 활발한 활동을 펼치게 되었다. 그의 끊임없는 도전이 부와 명예를 안겨주면서 성공으로 이끌어주었던 것이다.

이처럼 성공한 사람들은 자신의 경험을 책으로 펴내 사람들에게 공감과 감동을 준다. 독자들은 그들의 저서를 통해 희망을 가지고 용기를 내어 책 쓰기에 도전하게 된다. 저서는 사람들에게 선한 영향력을 펼치고 있다. 저서 한 권만 옹골차게 제대로 쓸 수 있다면 메신저의 삶은 열리게 된다. 앞서간 선배들도 모두 책 쓰기를 통해 메신저의 삶을 개척해 나갔다. 그들은 저서를 통해 자신의 영역을 넓히면서 가슴 뛰는 인생을 살아가는 사람들이다.

《꿈이 있는 거북이는 지치지 않습니다》의 저자 김병만은 달인으로 유명한 개그맨이다. 그는 무엇을 시작해도 도전정신이 강해서 반드시 목표를 달성하는 사람이다. 어른, 아이 할 것 없이 달인 김병만을 모르는 사람은 없을 정도다. 개그맨 김병만, 달인 김병만은 책을 쓰지 않아도 성공한 인생이라고 할 수 있다. 하지만 그는 여기서 멈추지 않고 끝없이 도전했고 지금도 도전하고 있다. 그 도전한 경험을 스토리로 만들어《꿈이 있는 거북이는 지치지 않습니다》를 출간했다.

책은 출간된 지 한 달 만에 10만 부 이상의 판매고를 올리면서 사람들을 주목하게 했다. 독자들은 그의 저서를 통해 감동받고 도전할 수 있는 용기를 얻을 수 있었다. 그는 책 출간으로 더욱 유명세를 타면서 덩달아 몸값도 껑충 뛰어 올랐다. 지금은 대한민국 최고의 몸값을 자랑하는 유명강사가 되어 활동을 펼치고 있다.

이처럼 성공한 사람들은 하나같이 책 쓰기의 중요성을 알고 있었다. 그래서 자신의 영역을 확장하기 위해 책을 쓰는 데 노력을 아끼지 않았다. 자신의 강점을 부각시키고 단점을 보완하면서 책을 써내려갔던 것이다. 그 결과 책 쓰기를 통해 새로운 기회를 창출해서 최고의 주가를 올렸던 것이다.

그런데 당신은 어떠한가? 그들처럼 성공했는가? 그렇지 않다면 그들처럼 성공하고 싶지 않은가? 여기서 한 가지 분명한 것은 성공한 사람들은 자신들이 성공해서 책을 쓴 것이 아니다. 성공함에도 불구하고 책을 썼다는 것이다. 그렇다면 성공한 사람도 책을 쓰는데 당신은 더욱 책을 써서 기회를 만들어야 하지 않겠는가.

책은 쓰면 쓸수록 저자의 브랜드 가치가 올라간다. 그래서 성공한 사람들이 더욱 책 쓰기에 집착하는 것이다. 당신도 책을 써서 성공할 수 있는 기회를 놓치지 말자. 당신 이름으로 된 책이 한 권, 두 권 쌓이면 서서히 성공한 사람의 반열에 올라가게 된다. 그러면 자신도 모르게 책 쓰기에 집착하는 당신을 발견하게 될 것이다.

책은 대중에게 다가설 수 있는 효과적인 매체로 쉽게 공감하고 소통할 수 있다. 성공한 사람들은 그것을 잘 알고 있기에 책 쓰기를 통해 새로운 기회를 만들려고 한다. 책을 통해 사람들에게 자신의 이름과 함께 사업까지 알리면서 마케팅을 하는 것이다. 즉 성공한 사람들은 더 큰 부와 명예를 얻기 위해서 바쁜 가운데도 치열하게 책을 쓰는 것이다.

6
내가 원하는 삶을 살아야 한다

세상에는 두 부류의 사람들이 있다. 자신의 꿈을 향해 도전하는 사람들과 현실이 주는 안락함에 젖어 안주하는 사람들이다. 성공하는 사람들은 확고한 신념으로 어떠한 시련과 역경이 닥쳐도 앞으로 나아간다. 그 과정에서 실패하고 넘어져도 다시 일어나서 끊임없이 도전한다.

반면에 대부분의 사람들은 불투명한 미래에 도전하는 것이 두려워 용기를 내지 못한다. 주위의 시선에 집착하고 현실이 주는 편안함에 안주하고자 어떻게든 실패할 수밖에 없는 이유를 찾는다. 그들은 내일도 오늘처럼 안전할 것이라고 생각한다. 앞으로도 계속 월급이 꼬박꼬박 나올 것이라고 착각하는 것이다. 남들은 자기계발하고 책을 쓸 때 동료들과 함께 술에 취해 돌아다닌다. 물론 그들도 책을 쓰고 싶은 바람은 있지만 현실의 여건이 따라주지 않는다고 생각한다. 그러니 책 쓰기는 막연한 꿈에 불과할 뿐이다.

그렇다면 책 쓰기가 과연 그들의 현실에 막대한 지장을 줄 만큼 어려운 일인가? 그렇지 않다. 책 쓰기에 대한 두려움이 미리 한계의 벽을 만드는 것이다. 힘든 여건 속에서 어려운 책 쓰기를 감당하기가 부담스러운 것이다. 책 쓰기는 특별한 여건을 갖추어야 쓸 수 있는 것이 아니다. 확고한 신념만 있으면 바쁜 생활 속에서도 시간을 만들 수 있는 것이 책 쓰기다.

그 대표적인 사람들로 이화자의 《엄마는 아이의 미래다》, 김인식의 《잘나가는 신입사원의 비밀》, 정회길의 《즐겁게 일하는 사람은 무엇이 다른가》, 이선영의 《1인 창업이 답이다》, 나영채의 《상처를 넘어설 용기》, 이지윤의 《천 번의 이력서》, 김우선의 《어떻게 나를 차별화 할 것인가》, 김영숙의 《내가 두 아이를 키우면서 배운 것들》, 금주은의 《하루 10분, 하루 한 뼘》, 양지숙의 《운이 따르게 하는 습관》, 유영희의 《감정, 멈춰서 들여다보기》 등이 있다.

이들은 모두 바쁜 직장생활 속에서도 책 쓰기를 통해 가장 빠른 시간에 인생을 바꾼 사람들이다. 모두 저서를 통해 강연과 컨설팅을 하며 메신저로서의 영역을 확장하고 있다. 이들처럼 최근에는 하루가 다르게 점점 더 많은 사람들이 책을 출간하고 있는 것이 현실이다. 요즘은 매일 새로운 신간들이 쏟아지고 있다. 나는 그 신간들을 보면서 머지않아 1인 1책도 쓸 수 있는 날을 그려보기도 했다.

그러기 위해서 나는 사람들에게 "미래를 위해서는 나 자신부터 먼저 생각해야 한다."고 말한다. 이것저것 남의 눈치만 살피면 책을 쓰기 어렵다. 확고한 꿈을 정했다면 먼저 자신을 생각하고 이기적으로 살아야 한다. 가족이나 주변의 눈치보다 자신의 꿈을 먼저 생각하고 도전하는 삶에 미래가 있는 것이다.

오히려 그런 삶이 진정으로 가족을 생각하고 행복한 가정을 위한 길이다. 그 과정에서 많은 시련을 겪을 수 있지만 끝까지 굴복하지 않고 노력해야 한다. 그래야 자신의 인생을 바꿀 수 있고 행복한 미래도 만들 수 있는 것이다.

부인의 반대에도 불구하고 자신의 뜻을 끝까지 관철시켜 책을 쓴 사람이 있다. 그는 LG전자에서 30년간 근무하며 다양한 제품을 개발한 정회길 박사다. 많은 사람들이 사용하는 〈싸이킹〉, 〈동글이〉 청소기, 침구전용 흡입구 〈침구팍팍(진동 팍팍)〉 등을 개발한 장본 인이기도 하다. 그 외에 100여 건의 특허를 출원하며 평생 동안 회사를 위해 일했다. 그러나 자신에게 돌아온 것은 퇴직을 앞둔 불안한 직장인에 불과했다.

그는 30년 동안 자신이 겪은 경험과 노하우, 지식들을 정리해 책을 쓰기로 결심했다. 그런데 뜻하지 않게 강한 복병을 만났다. 부인의 완강한 반대에 부딪혀 심리적인 갈등을 겪었던 것이다.

깊은 고민 끝에 내린 결론이 더 이상 눈치 보는 삶이 아니라 자신의 삶을 살기로 결정했다. 그는 부인 몰래 책 쓰기를 하다 들켜서

이혼요구까지 받았다. 부인의 압박으로 인해 이중고를 겪으면서 심적 갈등을 겪었다. 그런 상황에서도 끝까지 포기하지 않았기에 《즐겁게 일하는 사람은 무엇이 다른가》를 출간할 수 있었다. 평범한 직장인에 불과했던 그의 인생이 책을 출간함으로써 완전히 바뀌었다.

만약 부인의 반대에 부딪혀 자신의 삶이 아닌 타인의 삶을 살았다면 어떻게 되었을까? 아마 작가가 되어 활발한 활동을 할 수 없었을 것이다. 그는 책을 써서 자신의 인생만 바꾼 것이 아니었다. 그동안 반대했던 부인도 역시 180도 바뀌었다. 그녀도 불투명한 남편의 미래가 두려웠던 것이다. 얼마 남지 않은 회사생활마저 제대로 하지 못할 것 같아 걱정이었던 것이다.

하지만 남편의 확고한 신념과 뜨거운 열정을 옆에서 지켜보았기에 든든한 지원군이 되었다. 그녀는 책 출간과 함께 남편에게 시계를 선물하며 존경한다는 말도 아끼지 않았다. 남편을 믿었고 그 믿음이 미래를 개척해 행복한 가정도 만들 수 있었다.

나 역시 처음 책을 쓴다고 했을 때는 가족, 친척, 친구들이 곱지 않은 눈길을 보냈다. 책은 아무나 쓰는 것이 아니라면서 모두 반대했다. 하지만 나 같은 사람도 책을 쓸 수 있다는 것을 증명이라도 하려는 듯 치열하게 책을 써내려갔다. 그 결과 내 이름으로 된 책이 출간되자 반대했던 가족은 책을 쓰기 전과는 180도 달라졌다. 그들은 저자인 나보다 더 열심히 홍보하고 다녔던 것이다. 이렇게 책을 쓰면 가족, 친척, 지인들을 비롯하여 주변의 시선이 모두 달라진다. 내 책을 읽어본 독자들이 먼저 감동하고 강연이나 방송출연 요청까지 들어오기도 한다.

　평범한 간호사에서 책을 써서 1인 기업가로 성공한 임원화 대표가 있다. 그녀는 분당 서울대병원 중환자실 간호사로 3교대로 근무했다. 간호사 생활로 점점 지쳐가자 그녀의 삶이 죽을 만큼 고통스러웠다. 인생 최대의 위기를 맞이했지만 그 고통을 이겨내기 위해서 책을 읽기 시작했다. 독서를 하면서 상처받은 영혼을 위로받고 치유할 수 있었다. 나아가 용기를 얻고 자존감까지 회복할 수 있었다. 점점 독서에 빠져들면서 작가라는 꿈을 발견했고 그 꿈을 위해 책을 쓰기로 결심했다. 꿈을 생각하면 힘든 간호사생활도 그녀에게는 더 이상 고통스럽지 않았다.

　그녀는 책 쓰기를 마라톤에 비유하며 중간, 중간마다 페이스를 조절하며 책을 써내려갔다. 그런데 문제는 부모님의 반대였다. 남들은 취업하기도 힘든 대학병원을 그만두고 1인 기업가로 간다는 그녀를 막을 수밖에 없었다. 하지만 부모님의 반대에도 불구하고 자신의 꿈을 포기할 수 없었다. 직장에 목매지 않고 책 쓰기에 목숨 걸고 끝까지 전력 질주했다.

　그 결과 첫 저서 《하루 10분 독서의 힘》이 출간되면서 자신이 옳았다는 것을 증명했다. 이 책은 평범한 간호사를 작가로 만들어준 1등 공신이었다. 책을 통해 강연요청이 쏟아졌고 방송출연과 컨설팅으로 유명세를 타기도 했다. 반대를 하던 부모님도 강연이 있을 때마다 매니저로 자청하며 따라나섰다. 지금은 강연, 코치, 컨설턴트,

1인 기업가로 승승장구하며 제2의 인생을 즐기고 있다.

정회길 박사나 임원화 대표는 책을 쓰기 전에는 모두 평범한 직장인이었다. 지금은 강연과 코칭, 컨설팅 등으로 가슴 뛰는 인생을 살고 있다. 이런 인생을 살 수 있었던 것은 자신의 꿈을 위해 끝까지 도전했기 때문에 가능했다. 그들은 어떤 반대에도 불구하고 포기하지 않고 끝까지 책을 썼기에 인생이 완전히 바뀌었다.

이와 같이 책을 쓰면 누구나 가슴 뛰는 삶을 살 수 있다. 그런데 아직도 도전이 두려워 현실에 안주한다면 미래는 없는 것이다. 인생은 짧다. 남에게 끌려가는 인생을 살 것인지, 주인공으로 살 것인지는 자신의 선택에 달려 있다. 매달 받는 월급에 발목 잡혀 남은 인생을 새가슴처럼 졸이며 살 것인가?

이런 인생은 주인의 눈치를 보며 살아가는 노예나 마찬가지다. 언젠가 이용가치가 떨어지면 다른 사람으로 대체되어 버려진다. 그때 가서 후회해도 소용없다. 더 이상 언제 잘릴지도 모르는 노예 같은 인생에 목매지 말자. 어차피 한 번 뿐인 인생, 당신도 가슴 뛰는 삶을 살고 싶지 않은가? 그렇다면 책을 써서 당신이 원하는 삶을 만들어 보자. 오늘과 완전히 다른 밝은 미래가 기다리고 있을 것이다.

> 책을 쓰면 누구나 가슴 뛰는 삶을 살 수 있다. 그런데 아직도 도전이 두려워 현실에 안주한다면 미래는 없는 것이다. 인생은 짧다. 남에게 끌려가는 인생을 살 것인지, 주인공으로 살 것인지는 자신의 선택에 달려 있다.

7
최고의 마케팅은 책 쓰기이다

요즘은 자기 PR 시대뿐만 아니라 전쟁, 정치, 마케팅도 PR을 하는 시대가 되었다. PR을 하는 시대에는 모든 것을 완벽하게 갖추지 않으면 알릴 수 없다. 즉 자신을 알리기 위해서는 스스로의 가치를 완벽하게 만들어야 한다.

성공한 사람들은 자신을 알리기 위한 수단이 쉬울 수 있다. 하지만 평범한 사람들이 자신을 알리기에는 많은 어려움이 따른다. 그래서 평범한 사람들이 자신을 개척하기보다 현실에 안주하려고 한다. 하지만 현실에 만족하며 회사에 목매게 된다면 암울한 현실을 극복하기 어렵다.

물론 직장생활을 하면서 자신의 분야에 두각을 내는 사람들이 있다. 그들은 자신의 분야에서 능력을 발휘해 회사의 이미지가 좋아지기도 한다. 그러나 중요한 것은 자신의 존재는 드러나지 않는다. 반대로 그들의 능력이 떨어진다면 바로 다른 사람으로 대체되거나 구조조정의 대상이 된다. 회사는 이익을 낼 수 없는 구성원을 필요로 하지 않는다. 또한 당신이 아무리 능력이 뛰어나더라도 회사가 무너진다면 그만둘 수밖에 없다.

최근에는 하루가 다르게 기업들이 줄지어 도산하고 있다. 그러니 언제까지 회사에 안주하며 살아갈 수는 없다. 이제는 회사가 아니라 나 자신을 알릴 수 있는 파이프라인을 만들어야 한다. 그 파이프라인이 바로 자신만의 책을 쓰는 것이다. 책을 쓰면 그 분야의 전문가로 인정받을 수 있다. 직장에서도 자신의 전문분야에서 위치를 굳힐 수 있다. 그러면 더 이상 눈치 보는 삶이 아닌 가슴 뛰는 삶을 살 수 있는 것이다.

이처럼 책은 세상과 연결하는 통로나 마찬가지다. 책을 통해 독자들에게 나의 존재를 알리고, 나의 메시지도 알릴 수 있는 유일한 길이다. 이 길은 성공한 사람뿐만 아니라 평범한 사람도 갈 수 있기 때문에 제한이 없다. 누구나 책을 쓰면 독자들에게 인정받고 전문가로 대접받을 수 있다. 그래서 다양한 계층의 사람들이 자신을 알리기 위해 책 쓰기로 몰리고 있는 것이다. 그야말로 책 쓰기가 대세가 되었다.

그러나 책 쓰기는 자신이 경험한 모든 것을 총동원해 집필하기에 생각만큼 쉽지 않다. 모든 에너지를 발산하면서 출간한 책은 자신의 분신이나 다름없다. 그 분신은 저자가 갈 수 없는 곳도 갈 수 있고,

할 수 없는 일도 대신할 수 있다. 1년 365일 쉬지 않고 저자를 위해서 일을 하는 것이 분신의 역할이다.

분신을 탄생시키면 저자는 배우자와 자녀에게 존경받고, 부모님에게도 자랑스러운 자식이 된다. 동네 아줌마, 아저씨로 불리다가 작가님, 선생님으로 불리게 되는 것이다. 무엇보다 분신을 통해 칼럼 기고나 강연요청, 방송출연, 인터뷰 요청까지 들어오기도 한다. 강연이나 방송출연을 하면 사람들에게 더 빠르게 알려져 자연히 강연료도 올라간다. 책을 쓴 저자는 나이가 들면 들수록 몸값이 줄기는커녕 오히려 올라가게 된다.

그런데 아무리 강연을 많이 해도 몸값이 올라가지 않는 강사들도 많다. 어떤 강사들은 1회 강연료에 몇백만 원씩 받지만, 또 다른 강사는 10만 원도 받지 못하는 강사들도 많다. 강사들이 이렇게 차이가 나는 이유는 무엇 때문인가? 그 이유는 바로 '저서'에 있다. 일단 책을 쓴 저자는 50~100만 원부터 시작한다. 강연을 통해 많은 사람들이 공감하게 되고 계속해서 강연이 이어지게 되면 강연료는 저절로 올라가는 것이다.

물론 기관이나 학교 등은 일반 기업들에 비해서는 강연료가 훨씬 적은 것은 사실이다. 더구나 초보저자에게 모교 강연은 강연 자체에 의미가 있기에 강연료는 문제가 되지 않는다. 오히려 무료강연을 하더라도 경력을 쌓는 것이 좋을 수 있다. 그 경험으로 노하우가 생겨 유명강사로 탈바꿈하게 되면 어디를 가든지 높은 몸값을 자랑하게 된다. 그러기 위해서는 계속해서 책을 써서 자신을 마케팅해야 한다.

이제는 책 한 권만 써서 평생 강연한다는 것은 불가능하다. 높은 몸값을 자랑하는 유명강사들은 모두 여러 권의 저서를 출간한 사람들이다. 그들은 계속해서 저서를 출간해 자신을 알려 강사로서의 위치를 공고히 다지고 있다. 이렇게 유명강사로 알려진 그들의 강연료는 수백만 원에서 천만 원이 넘는 경우도 있다.

반면에 저서가 없어 10~20만 원을 받고 다니는 강사들도 많다. 저서가 없으면 강연을 하기 위해서 자신이 직접 발로 뛰어야 한다. 팩스, 우편물을 발송하거나 직접 찾아가서 담당자에게 마케팅을 펼쳐야 한다. 자연히 몸값이 낮을 수밖에 없다 그러나 저서가 있다면 자신의 책을 읽고 강연요청이 들어온다. 당연히 좋은 대우와 함께 몸값이 올라가는 것은 자연스러운 현상이다.

아트스피치의 김미경 원장은 처음부터 높은 몸값을 자랑하는 강사가 아니었다. 지금은 누구나 알고 있는 국민강사지만 처음에는 아무도 알지 못하는 무명강사에 불과했다. 그녀도 똑같이 무명강사가 겪는 서러움을 겪었지만 굴복하지 않았다. 자신의 실력을 갈고 닦으며 무명강사로서 자신을 알리기 위해 직접 발품을 팔았다. 교육담당자나 관계자들에게 메일, 우편물 발송 등을 보내며 홍보와 마케팅을 펼쳐나갔다. 강의연습도 인형을 청중이라 생각하고 수십 번씩 연습하며 자신의 노하우를 만들어 나갔다. 그런 끈질긴 노력으로 자신을 조금씩 알리고 있었다. 그러던 중 IMF 시절에 책을 써서 《나는 IMF가 좋다》를 출간했다.

이 책은 당시 IMF 시대 상황과 맞아 떨어져 사람들의 가슴에 파고 들었다. 그녀는 여기서 멈추지 않고 계속해서 《아트 스피치》를 비롯해 많은 책을 출간했다. 대중들은 그녀의 책과 강연에 열광했다. 그녀는 명실공히 국민강사로 거듭나 최고의 몸값을 자랑하게 되었다.

그녀는 프로 강사가 되고 싶은 사람들에게 아낌없는 조언도 놓치지 않았다.

"총 20번에 가까운 연습을 하고 무대에 올라가야 단돈 1만 원이라도 받을 자격이 생긴다. 그게 바로 프로 의식이다."

그녀의 말처럼 최고의 강사는 그저 얻는 것이 아니다. 자신의 분야에서 피나는 노력을 해야 가능한 일이다. 확고한 신념으로 계속해서 책을 써서 자신을 알려야 한다. 강연이나 방송출연으로 자신의 영역도 넓혀야 하는 것이다.

김난도의 《아프니까 청춘이다》, 김미경의 《나는 IMF가 좋다》, 김제동의 《김제동이 만나러 갑니다》, 김영식의 《10미터만 더 뛰어봐!》, 김창옥의 《소통형 인간》, 혜민 스님의 《멈추면 비로소 보이는 것들》, 김정운의 《나는 아내와의 결혼을 후회한다》, 안철수의 《영혼이 있는 승부》 등을 비롯해 많은 저자들이 있다.

그들도 모두 책을 써서 자신을 알렸기에 자신의 분야에서 최고의 몸값을 올리고 있다. 특히 안철수는 과거 서울의대 시절 자신의 컴퓨터에 바이러스가 침입했다. 그 바이러스를 고치려다 백신을 개발하게 되었다. 개발한 백신은 국민들에게 무료로 배포해서 많은 사람들에게 알려지기 시작했다.

그는 여기서 멈추지 않고 자신의 특별한 경험과 지식을 책으로 써서 사람들에게 더욱 유명해졌다. 특히 대학생들의 롤모델이자 청춘 멘토가 되어 방송출연과 강연활동을 펼쳤다. 그 유명세에 이어 19대, 20대 국회의원으로 재직하면서 대통령후보까지 오르기도 했다.

만약 그가 책을 쓰지 않았다면 백신 개발자로 멈추었을 것이다. 물론 백신개발자도 훌륭한 사람이기에 컴퓨터에 관한 강연활동을 펼칠 수 있다. 하지만 책을 썼기 때문에 더 많은 대중들에게 알려져 쉽게 다가갈 수 있었다. 그러자 청춘들의 롤모델이 되고 꿈의 멘토가 될 수 있었다. 더 나아가 국회의원에 이어 대통령 후보까지 넘볼 수 있는 기회를 가졌다. 이 얼마나 멋진 일인가.

책을 쓰면 자연스럽게 사람들에게 알려지면서 전문가로 인정받을 수 있는 기회가 온다. 또한 각종 강연이나 칼럼, 방송출연 등의 기회가 찾아오면서 자신의 활동영역이 확대되기도 한다. 결국 이 모든 기회는 책을 써야 이루어질 수 있는 일이다. 따라서 책 쓰기가 자신을 알릴 수 있는 가장 강력한 마케팅이 되는 것이다.

8
책 쓰기는 나를 알리는 최고의 무기이다

우리는 매일 아침 회사에 출근하기 위해 콩나물시루와 같은 전철에서 시달리기도 한다. 아침마다 자신의 의지와는 상관없이 사람들에 의해 밀려들어가고 밀려나오기도 한다. 여기저기 부딪치는 소리, 신음소리가 들리고, 서로가 잘했다고 싸우는 소리도 들린다. 그래서 사람들은 오래전부터 지하철을 지옥철이라고도 불렀다.

이런 지옥철에서 시달리지 않기 위해서는 남과 다른 방법으로 대처해야 한다. 예를 들면 다른 교통편을 알아보거나 출근 시간을 앞당기는 방법 등을 찾아야 한다. 즉 남과 똑같은 방법이 아닌 자신만의 차별화된 전략이 필요하다.

마찬가지로 회사에서도 자신의 위치를 구축하기 위해서는 자신만의 무기가 있어야 한다. 사람들이 회사를 전쟁터라고 부르면서 전쟁터에서 반드시 필요한 무기를 갖추지 않고 있다. 세상을 살아가는 이 치도 마찬가지다. 지옥 같은 세상에서 살아남기 위해서는 어떻게든 강한 자가 되어야 한다. 강한 자는 어떤 사람을 말하는 것인가? 돈이나 권력이 있는 사람을 말하는가? 아니면 엄청난 스펙을 가진 자를 말하는가? 나는 어떠한 상황이든 그 상황에 적응해서 끝까지 살아남는 사람을 강한 자라고 생각한다. 즉 강해서 살아남는 것이 아니라 어떻게든 살아남기 때문에 강한 것이다. 이렇게 살아남는 자는 바로 자신만의 무기를 구축했기 때문에 살아남을 수 있는 것이다.

그런데 직장인들은 끝까지 살아남기 위해 회사에 올인하며 충성하고 있다. 진급하기 위해, 임원이 되기 위해 상사의 비위를 맞추고 봉사하는 것을 아끼지 않는다. 그들은 임원이 되어도 어떻게든 끝까지 살아남기 위해 헌신하며 발버둥치고 있다. 과연 끝까지 살아남는 사람이 얼마나 있을지 의문이다. 내 회사가 아닌 이상 끝까지 살아남는다는 것은 불가능한 일이다. 회사는 언제든 더 좋은 사람, 더나은 사람이 있다면 그 자리를 대체하기 마련이다.

다음은 회사를 위해 헌신한 결과 상무까지 올라갔지만 명예퇴직을 당한 K의 이야기다. 그의 말을 들어보기로 하자.

"내 젊음을 바쳐 회사를 위해 희생하고 봉사했는데 하루아침에 권고사직이라니! 하늘이 무너지는 것같이 눈앞이 깜깜하고 아무것도 보이지 않았습니다. 임원이 되기 위해 그렇게 기를 쓰고 일했는데……. 임원이 되는 동시에 퇴직도 이렇게 빨리 올 수 있다는 것을 그때는 미처 생각하지 못했어요. 계속 올라가는 것만 생각했거든요. 정말 어리석었습니다. 이제 명예퇴직을 하고 보니 내가 할 수 있는 것이 아무것도 없네요."

중소기업에서 20년 넘게 근무한 K는 상무자리까지 올랐지만 명예퇴직을 권고받았다. 그는 회사에 자신의 젊음과 열정을 바치면서 조직생활에 올인했다. 오로지 회사를 위해 목숨 바쳐 일하다 보니 가정도 자연히 등한시되었다. 그의 숱한 야근과 출장으로 인한 희생정신은 인사고과에 좋은 성적을 주어 승진도 빨랐다. 시간이 흐를수록 회사를 대표해 일한 결과 좋은 성과를 이루었다. 그래서 임원의 자리까지 오르자 드디어 회사에서 살아남은 강한 사람이 되었다고 생각했다.

하지만 그에게도 넘지 못한 거대한 벽이 자신을 가로막고 있다는 것을 알지 못했다. 탄탄대로라고 생각했던 자신에게 상무가 된 지 1년도 채 되지 않아 권고사직이 떨어졌다.

그가 직장에 다닐 때는 많은 사람들이 좋아하고 받들었지만 이제는 그 누구도 그를 반기지 않았다. 사람들은 그를 보면 핑계를 대며 슬금슬금 피해 다녔다. 지금까지 사람들은 그를 좋아하고 받들었던 것이 아니었다. 그 사람 뒤에 숨겨져 있는 배경을 좋아했던 것이다. 이제 회사라는 배경이 사라지자 아무것도 할 수 없는 존재가 되었다. 그는 회사에 청춘을 바쳤지만 마지막까지 살아남지 못하고 '토사구팽'당한 것이다.

K처럼 자신의 회사가 아닌 곳에서 목숨 바쳐 일한다는 것은 어리석은 일이다. 회사는 구성원들을 위해 끝까지 책임지지 않는다. 회사가 위험하다고 생각되면 언제든 인원감축을 할 수 있는 것이 회사의 생리다. 그런데도 많은 사람들이 아르바이트 같은 직장생활에 목숨 걸고 일을 한다. 이제는 아르바이트 같은 회사에 목숨 걸지 말고 자신을 위해 목숨을 걸어야 한다. 다시 말하면 회사를 다니고 있는 지금 자신을 알릴 수 있는 무기를 만들어야 한다.

남을 위한 인생은 '팽'당할 수 있지만 자신을 위한 무기를 만들면 절대 '팽'당할 일이 없다. 나의 무기를 만들기 위해서는 자신이 잘할 수 있고 좋아하는 것을 찾아 브랜딩시켜야 한다.

애플사의 창업자 스티브 잡스, 투자의 귀재 워런 버핏, 백신개발자 안철수, 아트스피치 김미경, 달인 김병만 등은 자신들이 잘하는 것을 세상에 알리면서 브랜딩시켰다. 그들처럼 자신만의 콘텐츠를 찾아 세상에 나를 선보여야 한다.

직장인은 기획 분야, 광고 분야, 영업 분야에 따라 자신의 특정분야를 브랜드화시키면 된다. 자신의 전문분야에서 이름을 알릴 수 있다면 그 자체로도 브랜딩이 된다.

《팔지 마라 사게 하라》의 장문정 작가는 마케팅 최전선에서 오랫동안 경험을 쌓아왔다. 그 노하우를 책으로 출간해서 자신의 이름을 세상에 알려 브랜딩시켰다. 《열한 번째 왕관》을 펴낸 예영숙 작가도 샐러리맨으로서의 모든 경험과 노하우를 책으로 펴냈다. 그녀는 보험증서의 궁금증을 해소하기 위해 보험회사를 방문했다. 그곳에서 자신이 좋아하고 잘할 수 있는 것을 발견했고 열정적으로 노력했다. 그 결과 연간 수입보험료가 255억 원이나 될 정도로 보험업계의 신화와 전설을 만들었다. 그녀는 그 경험과 노하우를 책으로 써서 자신을 알려 퍼스널 브랜딩되었다.

위의 두 사람에서 알 수 있듯이 자신을 알릴 수 있는 기회는 얼마든지 있다.

직장인들은 자신의 업무일지를 정리하고 보완해서 책을 쓴다면 조직에서 인정받는다. 세상에도 알려지면서 완벽한 퍼스널 브랜딩이 되어 조직에서도 탄탄한 위치를 구축한다. 만약 회사를 떠난다고 하더라도 걱정할 필요 없다. 이미 브랜드화된 당신은 각종 강연과 컨설팅으로 바쁜 나날을 보내게 된다. 그러니 무엇보다 자신을 알리고 퍼스널 브랜딩시키는 일이 가장 중요하다.

많은 사람들이 각종 스펙들로 경쟁하기에 어지간한 스펙으로 브랜딩은커녕 취업하기도 힘들다. 그래서인지 자신을 알리기 위해 책을 쓰는 사람들이 점점 늘어나고 있다. 고통받고 있는 사람들에게 책 쓰기는 자신을 알릴 수 있는 최고의 무기가 될 수 있다. 이런 무기를 가지기 위해 직장인들은 물론이고 회사의 CEO까지 경영 노하우를 책으로 출간한다. 책을 출간함으로써 자신을 퍼스널 브랜딩시키는 강력한 무기를 장착하는 것이다.

이제는 직장에만 목매던 시기는 지났다. 자신의 5년 후, 10년 후의 미래를 그려야 한다. 미래가 밝지 않다면 지금 당장 자신을 알릴 수 있는 무기를 준비해야 하는 것이다.

한 평범한 직장인이 책 쓰기를 통해 자신의 무기를 장착하고 인생을 바꾼 예가 있다. 그녀는 말만 들어도 누구나 알 수 있는 '브랜드 에버리치', '아이좋아', '산들애', '아리따움', '브이푸드' 등을 만든 주인공이다.

자신이 만드는 브랜드마다 좋은 반응으로 히트를 치면서 회사의 이미지는 좋아졌다. 하지만 어느 누구도 그 브랜드를 만든 자신은 알지 못했다. 그 브랜드가 아무리 좋아도 그녀는 그저 평범한 월급쟁이에 불과했다. 회사를 그만두고 자신의 사업을 하고 싶은 마음도 수없이 들었다. 하지만 불투명한 미래에 대한 두려운 때문에 쉽게 도전할 수 없었다.

그러던 때에 책 쓰기만큼 확실하게 자신을 브랜딩시킬 수 있는 일이 없다는 것을 깨닫게 되었다. 자신의 전문분야인 브랜딩만큼은 자신이 있었기에 책을 쓰기로 결심했다. 그때부터 자신의 콘셉트와 유사한 경쟁도서들을 분석하고 자료들을 모으기 시작했다. 지금까지 자신이 쌓아온 노하우와 경험들을 책으로 써내려갔던 것이다. 그리고 《어떻게 나를 차별화할 것인가》를 출간해 세상에 알려지면서 퍼스널 브랜딩되었다. 책 출간과 함께 자신이 그토록 원하던 1인 기업가로 갈 수 있었다. 지금은 각종 강연과 컨설팅으로 행복한 일상을 보내고 있다.

그녀처럼 회사에서 뛰어난 재능을 발휘하더라도 자신만의 무기가 없으면 월급쟁이에 불과할 뿐이다. 오히려 그녀보다 더 능력이 있고 뛰어난 사람이 나타난다면 언제든지 대체되는 세상이다. 이제는 그저 열심히만 일해서 자신의 분야에서 살아남을 수 있는 세상이 아니다. 누구도 대체할 수 없는 자신만의 무기로 퍼스널 브랜딩시켜야 한다. 성공한 사람들도 자신을 브랜딩하기 위해 책을 써서 마케팅의 효과를 노렸다. 지금은 성공한 사람뿐만 아니라 다양한 계층의 사람들이 책을 써서 자신을 알리고 있다. 이처럼 책 쓰기만큼 퍼스널 브랜딩할 수 있는 최고의 무기는 없다. 지금 이 시간에도 퍼스널 브랜딩을 꿈꾸는 사람들은 책을 쓰고 있다.

> 책 쓰기는 자신을 알릴 수 있는 최고의 무기가 될 수 있다. 이런 무기를 가지기 위해 직장인들은 물론이고 회사의 CEO까지 경영 노하우를 책으로 출간한다. 책을 출간함으로써 자신을 퍼스널 브랜딩시키는 강력한 무기를 장착하는 것이다.

누구나 쉽게
쓸 수 있는
책 쓰기
실전 노하우

어떤 책을 써야 하는가

"아이만 셋 키운 주부인데 무엇을 써야 할지 모르겠어요."

"대학생이라 인생경험이 짧아서 쓸 내용이 별로 없어요. 이런 나도 쓸 수 있을까요?"

"작가님은 힘들게 살아온 인생경험이 많지만 저는 그런 경험이 없어요. 지금까지 직장생활만 했어요."

처음 책을 쓰고자 하는 사람들은 무슨 책을 어떻게 써야 할지 막막해 한다. 나는 지금도 책을 쓰기 전에는 무엇을, 어떻게 쓸 것인지 고민한다. 즉 책을 쓰기 전에는 기획이라는 과정을 거쳐야 하는 것이다. 기획이란 책을 쓸 장르와 콘셉트 등을 정하는 과정을 말한다. 기획과정을 거치지 않으면 장르와 콘셉트, 목차 등 전반적인 흐름이 엉뚱한 방향으로 흘러갈 수 있다.

이렇게 출간된 책은 대부분 자비출판에서 많이 볼 수 있다. 실제로 자비출판을 낸 저자들을 상담하면서 그런 사례를 많이 보았다. 그들의 원고는 독자들의 생각을 고려하지 않고 자신이 쓰고 싶은 대로 쓴 것이 대부분이었다.

책은 무조건 저자가 쓰고 싶은 책을 쓰는 것이 아니라 독자들이 읽고 싶어 하는 책을 써야 한다. 독자들이 공감하는 책을 써야 잘 팔리고 사랑받는 책이 되는 것이다. 책을 쓰기 위해서는 자신이 어떤 책을 써야 할지 생각해서 정해야 한다.

책을 쓸 수 있는 분야는 매우 다양하다. 문학 장르로 시, 소설, 에세이가 있다.

대중서로는 인문, 자기계발, 자녀교육, 경제경영, 청소년, 아동, 외국어, 건강, 요리 등을 들 수 있다.

다양한 분야 중에서 어떤 책을 써야 되는지 일단 정하게 되면 그에 맞는 콘셉트를 설정할 수 있다. 그런데 어떤 책을 써야 할지 갈피를 잡지 못하면 제대로 된 방향을 잡을 수 없다.

나와 상담한 주부는 아이 셋을 키운 것 외에는 특별한 경험이 없다고 걱정했다. 하지만 그녀는 아이 셋을 모두 훌륭히 키운 어머니다. 자식을 키우면서 경험한 노하우로 자녀교육서를 쓰면 될 것이다.

인생경험이 짧고 헛된 공상만 자주 한다는 대학생은 조엔 K. 롤링처럼 풍부한 상상력을 겸한 소설을 쓰면 된다. 《해리포터》의 저자 조엔 K. 롤링도 과거에는 자주 공상에 빠지다가 회사에서 쫓겨나기도 했다.

조엔 K. 롤링은 어렸을 적부터 부모님에게 옛날이야기를 듣고 자랐기에 상상력이 풍부했던 것이다. 그녀의 상상력은 책을 읽으면서도 깊은 생각에 잠겼다가 또 읽기를 반복하게 만들고는 했다. 그녀는 이혼한 후, 생활고에 시달리면서도 상상력을 그치지 않았다. 오히려 그 상상력을 토대로 글을 써서 지금은 엄청난 부와 함께 명예도 거머쥘 수 있었다.

이처럼 책 쓰기는 자신이 경험했던 일이나 지금 하고 있는 일을 다양한 분야에서 선택해 쓰면 된다.

나와 상담한 사람들은 의사, 간호사, 대학 교수, 은행원, 교사, 기자, 경찰, 부동산업자, 사업가, 어린이집이나 유치원 원장 등 직업이 다양했다. 다양한 직업인만큼 그들의 특정업무나 취미에 따라 장르와 콘셉트가 달라질 수 있다.

육아서를 출간한 《화내는 엄마, 눈치 보는 아이》의 장성오 저자는 유치원을 운영하고 있다. 이 책은 아이들이 올바르게 자라기 위해서는 부모교육이 우선되어야 하며, 서툰 엄마들이 화내지 않고 육아를 할 수 있도록 해야 한다고 말하고 있다. 그녀는 초보 맘들을 위한 36가지의 육아 비법으로 강연이나 코칭을 통해 종횡무진하고 있다.

경제 경영서를 출간한 《식당으로 대박 내는 법》의 권세윤 저자는 족발집을 하는 사장님이다. 경제경영서 《꼼수 없이 합법적인 절세 비법》의 함명진 저자는 세무사로 활동하고 있다. 인문서 《의사가 환자를 만들고 약이 병을 키운다》의 박명희 저자는 간호대학 교수로 있다가 정년퇴직했다. 경제 경영서 《그들은 어떻게 강남부자가 되었는가》의 오지혜 저자는 금융경제 전문가다.

이들은 모두 자신이 몸담고 있는 곳에서 각자의 경험과 전문지식을 바탕으로 책을 펴내 유명해졌다. 그렇다면 당신도 자신의 경험과 노하우를 바탕으로 책을 쓰면 되지 않겠는가? 만약 특정분야의 경험이 없다면 책을 쓸 수 없는가? 그렇지 않다. 반드시 특정 분야의 경험이 없어도 책은 쓸 수 있다. 당신이 지금 주부이거나 학생, 무직자라도 얼마든지 쓸 수 있는 것이다.

나 역시 특정분야의 전문경험은 없었다. 하지만 인생 전반에 걸친 경험을 바탕으로 《진짜 인생 공부》를 출간했다. 이 책은 에세이 형식을 띤 자기계발서로 접근하면서 써내려갔다. 읽는 독자들마다 "책을 읽으면서 많이 울었다. 진짜 한 편의 영화를 보는 것 같다."라고 말했다. 책을 쓰면서 동기부여가 주목적이었지만 감성적인 부분도 많이 건드렸던 책이었다. 그래서인지 자기계발서가 아닌 문학 분야의 에세이로도 지정되었다.

최근에는 딱딱한 자기계발서가 아닌 에세이 형식을 가미한 자기계발서가 많이 나온다. 저자의 감성적인 스토리는 독자들이 쉽게 접근하고 공감할 수 있는 요인이 된다. 책의 콘셉트는 멀리서 찾는 것이 아니라 가까이에서도 얼마든지 찾을 수 있다.

예를 들면 자신이 평소 즐기는 운동이나 취미에서 찾을 수 있고, 좋아하는 여행에서도 발견할 수 있다. 감성이 풍부한 사람이라면 시나 소설, 에세이 등 문학작품을 쓰면 좋을 것이다. 요리를 좋아하는 사람은 자신의 요리 노하우를 책으로 쓰면 된다.

여행서를 출간한 《서른 살, 독하게 도도하게》의 조예은 작가는 금융업계의 일을 했다. 하지만 시간만 나면 세계 곳곳을 다니며 여행하기를 좋아했다. 여행을 통해 학교에서도 배우지 못했던 많은 것들을 느끼면서 깨닫게 되었다. 그녀는 이러한 경험을 책으로 출간해 사람들에게 용기를 주는 동기부여가로 변신했다.

이처럼 책은 자신이 몸담고 있는 전문분야가 아니더라도 쓸 수 있다. 자신이 좋아하거나 관심을 가지고 있는 분야에서 찾으면 된다. 그 분야에서 명확한 콘셉트로 누군가에게 유익한 정보를 제공한다면 그 자체로 멋진 책이 되는 것이다.

SBS 스타킹에 출연해 초고도비만자들을 다이어트로 성공시켜 유명해진 숀리가 있다. 그는 자신의 경험과 노하우를 《숀리의 3분 상체면》, 《숀리의 3분 하체편》, 《숀리의 3분 복부편》, 《숀리의 남자몸만들기》 등의 책을 출간했다. 자신만이 가지고 있는 비법들을 살려 확실한 콘셉트로 책을 썼던 것이다. 그는 자신만의 노하우를 책으로 써서 독자들에게 정보를 제공하고 도움을 주었다. 그러니 그 자체만으로도 충분히 가치 있는 책이 되었던 것이다.

요즘 같은 불경기에도 새로운 신간들이 하루가 다르게 엄청나게 쏟아지고 있다. 그러나 대부분의 책들이 밀물처럼 들어왔다 썰물처럼 빠져 나간다. 수없이 쏟아지는 책 속에서 확실한 방향을 잡지 못하면 밑 빠진 독에 물붓기다. 누군가는 한 권의 책으로 유명해지는 반면에 몇 권의 책을 내고도 제자리인 사람들이 많다. 그 차이는 무엇일까? 바로 책을 쓰기 전 제대로 된 기획을 하지 않았기 때문이다. 기획이 없는 책 쓰기는 장르와 콘셉트를 잘못 잡아 엉뚱한 방향으로 나아가게 한다.

그런데도 당신은 무조건 책을 쓰기만 할 것인가? 기획 없이 쓰는 책은 전반적으로 엉성한 책으로 전락하게 될 것이다. 기획과정을 거칠 때는 자신이 가장 잘할 수 있는 것에 초점을 맞추어야 한다. 다양한 콘텐츠와 사례를 쉽게 활용할 수 있고 독자들에게는 필요한 정보를 제공할 수 있어야 한다.

책을 쓴다는 것은 자신의 메시지를 세상에 알리는 일이다. 이런 메시지를 제대로 알리기 위해서라도 반드시 기획과정을 거쳐야 한다. 누군가는 책 쓰기를 마라톤이라고 하고, 또 누군가는 기나긴 항해라고도 한다. 그만큼 책 쓰기는 오랜 시간을 인내하며 끝없이 노력해서 이루어 나가는 과정이다. 그러니 처음부터 제대로 기획해야 한다. 그래야 책 쓰기의 항해가 순조롭게 이루어져 멋진 항구에 도착하지 않겠는가.

평소 관심을 가지거나 취미로 했던 일들을 절대 소홀히 여기서는 안 된다. 이 모든 것들이 책 쓰기의 좋은 콘텐츠가 될 수 있다. 책을 쓰고자 한다면 자신이 어떤 장르나 콘셉트를 정하기까지 끊임없이 고민해야 한다. 무작정 쓰는 몇 권의 책보다 옹골차게 제대로 된 책 한 권이 당신의 미래를 바꾸게 될 것이다.

독자의 니즈를 파악해야 한다

책을 쓰는 사람이면 자신의 책이 매대에 진열되어 날개 돋친 듯 팔려나가는 상상을 한 번쯤은 해본다. 그런데 신간이 매대에서 서가로 꽂히게 된다면 그 책은 더 이상 빛을 보지 못한다. 이미 사장되었다고 생각해야 한다. 물론 간혹 사장되었던 책이 구사일생으로 다시 빛을 보는 경우도 있다.

그 대표적인 예로 최근에 매스컴에 보도된《대통령의 글쓰기》의 강원국 저자가 유명세를 타고 있다. 그는 청와대 생활 8년 동안 김대중, 노무현 대통령의 연설문을 작성하며 경험한 일을 책으로 펴냈다. 그런데 이 책은 이미 사장되었던 책이었다.

최근 최순실 사건과 맞물려 박근혜 대통령의 연설문이 문제가 되었다. 그 여파로 많은 사람들이 대통령의 글쓰기는 어떻게 써지는지 호기심을 갖게 되었던 것이다. 그러자 사장되었던 《대통령의 글쓰기》가 다시 조명을 받게 되었다. 이 책은 현재까지 수십만 부가 팔려 스테디셀러의 자리를 차지하고 있다. 이 책의 성공은 혼란스러운 시대적 상황과 독자들의 니즈가 절묘하게 맞았다는 것이다. 그는 이 책으로 인하여 유명인사가 되어 각종 강연과 방송출현 등으로 활발한 활동을 하고 있다.

서점에서는 잘 팔리는 책을 매대에 많이 진열하여 노출시키려 한다. 출판사는 서점에서 노출시켜 잘 팔아주는 책을 출간하려고 한다. 우리가 어떻게 생각하든 서점은 책을 많이 팔아 이익을 남기는 비즈니스 공간이다. 그런 이상 저자를 생각해서 무작정 책을 매대에 진열하지 않는다.

그렇다면 잘 팔리는 책, 출판사가 러브콜을 보낼 수 있는 책은 어떤 책인가? 그것은 독자들의 니즈를 파악하고 욕구를 충족시켜 줄 수 있는 책이다. 다시 말해 나의 니즈가 아닌 독자의 니즈를 찾는 것이 중요하다.

대부분의 예비저자들은 독자들의 니즈보다 자신의 니즈부터 먼저 생각한다. 독자들이 필요하고 원하는 책이 아니라 자신이 원하는 책을 쓴다. 그러면 어떤 감동도 일어나지 않는 일기형식이나 자서전이 되어 버릴 수 있다. 출판 시장 상황도 좋지 않은 시기에 이런 원고에 2,500만 원 정도의 돈을 들여 출간해줄 출판사는 없는 것이다.

하루에도 엄청난 양의 신간들이 쏟아지지만 출판계에서는 책이 팔리지 않아 난항을 겪고 있다. 여러 가지 이유가 있겠지만 가장 중요한 것은 독자들의 니즈를 파악하지 못했기 때문이다. 그러나 이런 가운데도 독자들의 니즈를 파악하고 베스트셀러가 되는 책들이 있다.

《미움 받을 용기》, 《주기자》, 《멈추면 비로소 보이는 것들》, 《정의는 무엇인가》, 《나는 까칠하게 살기로 했다》, 《혼자 있는 시간의 힘》, 《아프니까 청춘이다》, 《나는 아내와의 결혼을 후회한다》, 《나꼼수》, 《꿈이 있는 아내는 늙지 않는다》, 《남자의 물건》, 《대통령의 글쓰기》, 《지적 대화를 위한 넓고 얕은 지식》 등이다.

이 책들이 성공한 것은 확실한 콘텐츠로 독자의 심리와 욕구를 잘 파악했기 때문이다. 이런 책은 출판사와의 계약도 용이하지만 책이 출간된 뒤에도 큰 영향을 미친다. 임팩트가 분명하고 독자에게 책을 사야 하는 이유도 강렬하게 제시한다. 그 존재자체만으로도 책값 이상의 귀한 가치를 함께 안겨준다.

이렇게 좋은 책을 만들기 위해서는 시대적인 상황에 맞는 콘셉트가 중요하다. 콘셉트를 정할 때는 독자의 심리와 니즈를 파악하고 임팩트가 강하고 명확해야 한다. 그러면 명확한 콘셉트는 어떻게 정하는지 직업별로 살펴보기로 하자.

직장인

직장인은 자신이 담당하고 있는 전문분야를 글로 풀어 쓰는 것이 좋다. 콘셉트는 조직생활에서의 인사관리, 자신의 업무분야에 대한 특별한 비법, 자신만이 가지고 있는 성과 발휘 노하우, 부하직원 잘 다루는 법, 보고서나 기획서 등 문서 잘 쓰는 법, 상사와 원만한 관계를 유지하는 법 등으로 기획해보자.

참고도서는 이언 게이틀리의 《출퇴근의 역사》, 필립 델브스 브러턴의 《훌륭한 관리자의 평범한 습관들》, 우용표의 《최강부하》, 윤정은의 《퇴근 후 이기적인 반란》, 예영숙의 《열한 번째 왕관》, 정회길의 《즐겁게 일하는 사람은 무엇이 다른가》 등이 있다.

주부, 교사, 유치원 대표

주부는 자신의 일상적인 경험이나 취미생활에 대한 이야기를 쓰면 된다. 그 외에 교사, 유치원, 어린이집의 원장도 아이를 교육하면서 터득한 노하우를 책으로 쓰면 된다. 콘셉트는 아이 잘 키울 수 있는 나만의 노하우, 아이를 위한 감정 코칭법, 싸우지 않고 아이 키우는 법, 부모가 가져야 하는 좋은 습관들, 아이 건강을 위한 식생활 습관 등으로 책을 써보자.

참고도서는 법륜의 《엄마수업》, 고재학의 《부모라면 유대인처럼》, 칼비테의 《칼비테의 자녀 교육법》, 이화자의 《부모의 관점을 디자인하라》, 장성오의 《화내는 엄마, 눈치 보는 아이》 등이 있다.

경찰, 소방공무원

아직까지는 경찰관이나 소방관의 저서는 거의 없는 편이다. 그들의 현직에서의 생생한 경험들을 책으로 쓴다면 후배들에게 큰 힘이 되고 사람들에게도 귀감이 된다. 장르는 수기형식의 에세이나 자기계발서로 하면 좋다. 콘셉트는 경찰이나 소방공무원을 시작하게 된 계기, 일을 하면서 힘들었던 일들, 보람 있었던 일들, 기억에 남는 사건과 사고들, 후배들에게 남기고 싶은 이야기 등을 수기형식으로 풀어내면 된다.

참고도서는 표창원의 《프로파일러 표창원의 사건추적》, 정기룡·김동선의 《퇴근 후 2시간》, 장신중의 《경찰의 민낯》, 김가녕의 《굿바이 학교폭력》, 이대성의 《위대한 고객》 등이 있다.

부동산업자

부동산을 하면서 고생한 경험과 노하우를 책으로 쓴다면 전문가로서의 위치에 오를 수 있다. 자신의 책을 보고 찾아오는 사람들이 많기에 부동산업자에게 책의 힘은 굉장히 크다. 콘셉트는 부동산의 경험을 살린 자신만의 노하우, 부자들만 알 수 있는 투자비법, 초보자들을 위한 부동산 실전 노하우, 좋은 물건 분석하는 법, 성공한 사람들의 부동산 투자 비법 등으로 책을 써보자.

참고도서는 너바나의 《나는 부동산과 맞벌이한다》, 박상언의 《나는 연금형 부동산으로 평생 월급 받는다》, 심형석의 《월세 받는 부동산 제대로 고르는 법》, 임동권의 《10년 안에 꼬마빌딩 한 채 갖기》, 김영록의 《Hello 부동산, Bravo! 멋진 인생》, 이나금의 《나는 쇼핑보다 부동산 투자가 좋다》 등이 있다.

심리상담가

자신이 상담한 다양한 사례들을 에세이 형식으로 진솔하게 쓴다면 독자들은 쉽게 동화되고 감동받는다. 이 시대의 아픈 청춘과 중년들을 위한 힐링 가이드를 스토리로 엮어보자. 콘셉트는 상처받은 청춘들을 위한 힐링 가이드, 인간관계에 서툰 사람들을 위한 대화 코치법, 부부관계 회복을 위한 마음 치유법 등으로 풀어보자.

참고 도서는 기시미 이치로·고가 후미타케의 《미움 받을 용기》, 양창순의 《나는 까칠하게 살기로 했다》, 혜민 스님의 《멈추면, 비로소 보이는 것들》, 로버트 치알디니의 《설득의 심리학》, 정일교의 《나쁜 건 넌데, 아픈 건 나야》, 나영채의 《상처를 넘어설 용기》 등이 있다.

여행을 좋아하는 사람

자신이 좋아하는 여행도 하면서 돈도 버는 여행 작가라는 직업은 상당히 매력적이다. 이런 여행 작가가 되는 일은 생각보다 어렵지 않다. 다니는 여행지마다 세밀하게 관찰하고 사진을 찍으면서 기록으로 남긴다. 집으로 돌아온 뒤, 사진과 함께 기록한 메모에 자신의 경험과 생각을 덧붙여 원고를 완성한다. 완성된 원고를 출판사에 투고해서 책이 출간되면 여행 작가로 활동하면 된다. 콘셉트는 돈이 없어도 여행할 수 있는 방법, 여행도 하면서 돈도 벌 수 있는 비법, 나만의 여행 비결, 평범한 주부에서 여행 작가가 되는 비결 등을 책으로 엮어보자.

참고도서는 손미나의 《스페인, 너는 자유다》, 채지형·김남경의 《여행도 하고 돈도 버는 여행 작가 한번 해볼까?》, 이안수의 《여행자의 하루밤》, 오재철·정민아의 《꿈꾸는 여행자의 그곳, 남미》, 조예은의 《서른 살, 독하게 도도하게》 등이 있다.

위와 같이 명확하고 좋은 콘셉트는 좋은 책으로 만들어 낼 수 있다. 따라서 책을 쓰기 전에는 자신의 니즈보다 독자의 니즈를 먼저 생각하는 것이 중요하다. 독자의 니즈를 파악하면 그 속에서 책의 콘셉트는 얼마든지 찾을 수 있다. 좋은 책은 콘셉트로부터 독자와 소통할 수 있는 것이다. 그러니 절대 내가 쓰고 싶은 책을 써서는 안 된다. 독자의 니즈를 잘 파악해서 좋은 콘셉트로 승부한다면 반드시 멋진 책이 출간된다. 베스트셀러는 멀리 있지 않다. 독자의 니즈를 파악하고 명확한 콘셉트를 찾는 데 있다.

잘 팔리는 책, 출판사가 러브콜을 보낼 수 있는 책은 어떤 책인가? 그것은 독자들의 니즈를 파악하고 욕구를 충족시켜 줄 수 있는 책이다. 다시 말해 나의 니즈가 아닌 독자의 니즈를 찾는 것이 중요하다.

3
매력적이고 섹시한 제목으로
시선을 끌어야 한다

책을 쓰는 데 있어 제목은 매우 중요하다. 제목에는 콘셉트가 드러나야 하고 책의 내용도 압축되어 있어야 한다. 제목에서 콘셉트와 내용을 전혀 알 수 없다면 그 원고는 출판사와 계약하기 힘들다.

출판사는 책을 기획하고 출간하기까지 많은 비용을 투자한다. 콘셉트가 모호하고 제목이 진부한 원고에 투자할 정도로 무모한 출판사는 없다. 예비저자들이 힘들게 완성한 원고를 계약하지 못하는 경우가 이 때문이기도 하다.

출판사는 원고의 완성도보다 제목과 목차에 큰 비중을 두고 있다. 우리가 제목만 봐도 그 책이 무엇을 말하지는 알 수 있어야 한다. 즉 제목이 바로 콘셉트라는 말이다. 일단 출판사에서는 제목이 독창적이고 매력적이면 목차를 훑어보게 된다. 목차에서 그 책의 내용을 파악하고 만족하면 계약하자고 연락이 온다.

《말주변 없어도 대화 잘하는 법》의 김영돈 저자는 원고를 투고한 지 1시간 만에 계약을 하자고 연락이 왔다. 너무 빠른 연락에 그도 의아해서 "원고는 읽어보셨어요?"라고 물었다. 그러자 출판사의 반응이 "소설책도 아니고 자기계발서이기에 다 읽어볼 필요가 없습니다. 제목과 목차만 읽어봐도 내용을 파악할 수 있습니다."라고 말했다. 역시 제목과 목차가 중요하다는 것을 보여주는 말이다.

이 책은 제목 속에 콘셉트가 확실하게 내포되어 있다. 제목만 읽어도 말 잘하는 비법이 그대로 담겨 있는 듯하다. 정말 말을 잘하지 못하는 사람도 이 책을 읽으면 말을 잘할 수 있을 것만 같은 생각이 들 정도다. 그러면 말을 잘하고 싶은 사람들은 이 책에 호기심을 가지게 된다. 당연히 구매로 이어질 것이다. 이렇게 명확한 콘셉트와 임팩트 있는 제목은 출판사에게도 매력적으로 다가가는 요인이 된다.

《학교에 배움이 있습니까》의 정현지 저자는 출판사에 원고를 투고하자마자 엄청난 러브콜을 받았다. 이 책의 제목은 2015년, 학교에는 배움이 없다며 자퇴한 열일곱 살의 1인 시위자 김다운 학생의 시위 피켓문구다.

당시 많은 사람들이 1인 시위에 동참했고, SNS에서는 응원 댓글들이 이어졌다. 이런 상황에서 《학교에 배움이 있습니까》라는 제목은 많은 출판사에서 눈독을 들일 만했다.

책 제목에 콘셉트가 그대로 드러나고 책 내용 또한 짐작할 수 있다. 한마디로 임팩트가 강력한 제목이다. 가장 중요한 것은 시대적 상황과 독자의 니즈에 정확하게 맞아 떨어졌던 것이다. 이 책에서 말하는 교육이란 서로 경쟁만 하는 것이 아니라는 것이다. 각자의 잠재력을 발견하고, 인생의 큰 그림을 그리도록 도와주는 것이라고 말한다. 그런 교육이 진정으로 자신을 발전시키고 행복한 인생을 만들 수 있다고 말하는 것이다.

대부분의 베스트셀러 된 책들은 제목에서부터 궁금증을 유발하거나 임팩트가 강하고 섹시했다. 이런 책들은 제목만으로도 충분히 독자들의 흥미를 끌어당긴다. 그래서 좋은 제목을 만들기 위해서는 끊임없이 고민하고 수없이 연습해야 한다.

사이쇼 히로시의 《아침형 인간》은 '한스미디어'에서 출간되었다. 책이 출간됨과 동시에 엄청난 반응을 일으켰고 결국 밀리언셀러로서의 자리를 잡게 되었다. 그런데 이 책의 제목이 처음부터 '아침형 인간'이 아니었다. 출간되기 직전까지 출판사 대표는 '아침형 인간', '성공하는 아침형 인간' 등을 비롯해 100개가 넘는 제목을 생각했다. 여러 날 동안 제목을 고민하고 적어본 끝에 마침내 '아침형 인간'으로 출간해 대박을 터뜨렸던 것이다.

혜민 스님의 《멈추면, 비로소 보이는 것들》은 300만 부 넘게 팔린 밀리언셀러다. 이 책의 원제목은 《조금만 더 천천히 가세요》라는 제목이었다. 역시 스님다운 느긋한 마음이 엿보이는 제목이다. 원고 완성도는 훌륭했지만 제목에서 너무 밋밋한 느낌을 지울 수 없었다.

출판사는 새로운 제목을 고심한 끝에《멈추면, 비로소 보이는 것들》이라는 제목을 탄생시켰다. 원제목과 같은 콘셉트, 같은 내용에 제목만 바꾸었다. 그런데 느낌은 완전히 달라져 초대박을 터뜨렸던 것이다.

주진우 기자가 쓴《주기자》는 예약 판매 동안의 제목은《이것이 팩트다》였다. 그는 〈나는 꼼수다(이하 나꼼수)〉 방송에서 나누는 이야기가 사실임을 강조하기 위해 이 제목을 정했다. 그런데 나꼼수의 이미지를 더 잘 반영하기 위해 출간직전《주기자》로 변경했던 것이다. 그의 책제목처럼 죽여줄 정도로 대박을 치며 사람들의 사랑을 한 몸에 받았다.

또한 사장된 책을 개명해 출간된 책으로 김진명의 소설《무궁화꽃이 피었습니다》을 들 수 있다. 이 책은 1992년 실록출판사에서 《플루토늄의 행방》으로 출간되었지만 대중의 관심을 받지 못했다. 그러나 해냄에서《무궁화꽃이 피었습니다》로 제목을 바꾸어 출간하자 밀리언셀러가 되었다. 개명된 책제목으로는 우리나라 출판계에서 밀리언 시대를 연 소설이 되었다.

외국 소설로는 무라카미 하루키의《상실의 시대》를 들 수 있다. 이 책 역시 처음에는《노르웨이의 숲》으로 번역해 출간되었지만 독자들의 관심을 받지 못했다. 먼저《노르웨이의 숲》이 어디에 있는지 독자들은 알지 못했고 관심도 없었다. 그런데 제목을《상실의 시대》로 고치면서 당시 힘든 시대를 살아가는 청춘들에게 폭발적인 인기를 얻었다. 《상실의 시대》가 한국에 알려지면서 무라카미 하루키는 엄청난 독자층을 확보하는 계기가 되었다.

그 외에 필립 체스터필드의 《내 아들아 너는 인생을 이렇게 살아라》의 원제는 《인생의 대교훈》이었고, 최영미의 《서른, 잔치는 끝났다》의 원제는 《마지막 섹스의 추억》이었지만 모두 제목을 변경해서 유명해졌다.

이처럼 매력적인 제목은 독자의 시선을 사로잡을 수 있는 강한 힘을 가지고 있다. 만약 이런 책들이 모두 제목을 바꾸지 않고 그대로 출간했다면 어떻게 되었을까? 지금처럼 유명한 인기를 차지하지는 못했을 것이다. 그래서 매력적이고 섹시한 책이 주는 강한 효과는 매우 중요한 것이다.

다음은 베스트셀러 책으로 임팩트가 강하면서 섹시한 책 제목을 살펴보자.

《나는 아내와의 결혼을 후회한다》, 《아내가 딴 짓하는 데는 이유가 있다》, 《나는 까칠하게 살기로 했다》, 《원하는 것이 있다면 감정을 흔들어라》, 《남자의 물건》, 《가끔은 제정신》, 《노는 만큼 성공한다》, 《발로 차주고 싶은 등짝》, 《칭찬은 고래도 춤추게 한다》, 《아내가 결혼했다》, 《중생이 아프면 부처도 아프다》, 《어떻게 원하는 것을 얻는가》, 《너의 내면을 검색하라》, 《끌리는 사람은 1%가 다르다》, 《아프니까 청춘이다》, 《사다리 걷어차기》, 《나는 너하고 통하고 싶다》, 《굿바이 게으름》, 《빌린 책, 산 책, 버린 책》, 《생각 버리기

연습》,《멈추면 비로소 보이는 것들》,《주기자》,《내가 알고 있는 걸 당신도 알게 된다면》,《생각대로 살지 않으면 사는 대로 생각하게 된다》

위의 제목처럼 임팩트가 강하고 매력적인 책은 독자들의 시선을 사로잡을 수 있다. 출판사에서 출간 직전까지 제목에 심혈을 기울이고 고민하는 이유도 여기에 있다. 책 내용이 아무리 훌륭해도 일단 제목이 별로라면 사람들은 눈길조차 주지 않는다. 그 책은 몇 주 지나지 않아 진열대에서 밀려 서가에 꽂히는 신세가 된다. 수많은 책들이 서가에 꽂히면서 독자들의 관심 밖으로 사라지는 것이다. 결국 어떤 제목을 정하느냐에 따라 그 책의 성패가 달려 있다고 해도 과언이 아니다.

책은 많은 독자들에게 관심 받지 못하면 책으로서의 가치를 부여받지 못하고 생명력을 잃는다. 따라서 많은 독자들에게 사랑을 받기 위해서는 제목이 임팩트가 있고 섹시해야 한다.

그러면 섹시한 제목을 만드는 비법은 무엇인지 살펴보기로 하자.

첫째, 내 생각만으로 짜내기보다 다양한 책에서 제목을 각색한다.

둘째, 온라인이나 오프라인 서점을 활용한다.

셋째, 신문이나 잡지, 광고지 등에서 좋은 문장을 찾아내 각색한다.

넷째, 유명한 명언들을 인용하거나 각색한다.

다섯째, 실생활 속에서 떠오르는 좋은 문장이나 아이디어를 활용한다.

　당신의 생각은 어떠한가? 당신이 지금 쓰고 있는 제목에 대해서 고민해 보았는가? 대부분의 사람들은 자신의 머리로만 생각해 창작을 하려니 머리에서 쥐가 날 정도다. 그러다 잘못되면 자신은 능력이 없는 사람으로 간주해버리고 쉽게 좌절한다.

　제목을 만드는 것은 처음부터 타고난 능력이 아니라 관점을 바꿔 어떻게 생각하느냐에 있다. 다시 말하면 제목은 자신의 머리로 생각하는 것이 아니라 원래 있는 것에서 각색하면 된다. 좋은 제목이나 문장을 각색해서 임팩트가 있고 섹시한 제목을 만들면 되는 것이다. 즉 무에서 유를 창조하는 일이 아니라 유에서 더 나은 유를 창조하는 일이다. 그러면 훌륭한 벤치마킹이 되는 것이다. 이는 스티브잡스가 많이 사용하는 방법이다. 스티브잡스뿐만 아니라 누구나 반복된 연습을 통하면 훌륭한 벤치마킹이 가능하다.

출판사는 원고의 완성도보다 제목과 목차에 큰 비중을 두고 있다. 우리가 제목만 봐도 그 책이 무엇을 말하지는 알 수 있어야 한다. 즉 제목이 바로 콘셉트라는 말이다. 일단 출판사에서는 제목이 독창적이고 매력적이면 목차를 훑어보게 된다. 목차에서 그 책의 내용을 파악하고 만족하면 계약하게 된다.

경쟁도서와 참고도서를 분석해야 한다

장르와 콘셉트가 정해지고 제목이 확정되면 이제 책 쓰기로 들어가면 되는 것인가? 그렇지 않다. 무작정 책 쓰기에 들어가는 것이 아니라 고생스러워도 발품을 팔아야 한다.

자신의 콘셉트와 비슷한 경쟁도서를 20권에서 30권 정도 구매해 공부해야 한다. 예비저자들 가운데 경쟁도서를 읽지 않고 바로 원고 쓰기에 들어가는 사람들이 있다. 그들은 쏟아 오르는 열정으로, 근거 없는 자신감으로 충만해 원고를 집필하고 있다.

그런데 전문가의 입장에서 보면 그런 원고일수록 엉성한 원고가 대부분이었다. 나와 상담한 예비저자는 자신의 원고를 A4용지로 출력해서 가져 오거나 파일로 보여주기도 했다. 그 원고들을 보니 대체적으로 일기 형식으로 허술하게 되어 있었다. 또 논문처럼 딱딱하고 어려운 원고도 많아 대중서로 출간하기에 힘든 원고들도 많았다.

　나는 그들에게 자신의 콘셉트와 비슷한 경쟁도서를 적어도 20권은 사서 읽으라고 말한다. 경쟁도서를 읽으면 책을 어떤 식으로 써야 한다는 것을 파악할 수 있다. 경쟁도서는 눈으로 대충 읽는 것이 아니라 정독해야 한다. 같은 콘셉트의 도서들을 읽으면서 장점은 벤치마킹하고, 단점은 수정하면서 철저하게 밑그림을 그려나간다.

　《관점을 바꾸면 인생이 달라진다》는 아무리 열심히 살아도 힘들게 살아가는 중년들을 위한 책이다. 이 책은 자신을 돌아보고 생각의 관점을 바꾼다면 새로운 인생을 찾도록 방향을 제시해주고 있다.

　나는 이 책의 콘셉트와 유사한 경쟁도서를 구매하기 위해 인터넷서점을 서치하고 있었다. 그런데 중년에 관련된 책이 끝이 없을 정도로 이어지는 것을 보고 놀랐다. 세상이 각박해질수록 아픈 중년들이 쏟아져 나오고 있다는 것에 가슴이 아팠다. 중년에 관한 책들을 검색하며 제목, 책 소개, 저자소개, 목차 등을 살펴보았다. 검색하면서 마음에 와 닿는 책을 하나씩 메모한 책이 40여 권이 넘었다. 그중 우선순위로 20권을 선정해 구매했다.

　그때 구매했던 경쟁도서들로 《은퇴 후, 40년 어떻게 살 것인가》, 《아플 수도 없는 마흔이다》, 《그들은 소리내 울지 않는다》, 《흔들리지 않고 피어나는 마흔은 없다》, 《인생의 절반쯤 왔을 때 깨닫게 되는 것들》, 《위로받고 싶은 마흔 벼랑 끝에 꿈을 세워라》, 《마흔, 논어를 읽어야 할 시간》, 《마흔, 흔들리되 부러지지는 않기를》, 《불혹과 유혹 사이》, 《마흔 버려야 할 것과 붙잡아야 할 것들》, 《마흔앓

이》, 《나이에 밀리지 않고 진짜 인생을 살고 싶다》 등 그 외 다수다.

경쟁도서들을 분석하면서 집에서 가까운 서점은 수시로 들락거리며 10여 권의 경쟁도서를 더 구매했다. 집필을 시작하면서는 참고도서로 바로 100권을 구매했다. 원고를 집필하는 과정 중에도 필요하면 책을 구매했기에 첫 책을 집필하면서 200권 이상의 책을 산 것이다. 물론 더 많이 읽을 수도 있다. 하지만 너무 많으면 시간을 낭비할 수 있고, 범위가 넓어 효율성을 떨어뜨릴 수 있다.

책을 쓰기 위해서는 자신에게 필요한 적절한 경쟁도서를 구매해 철저하게 분석하는 것이 필요하다. 경쟁도서를 통해 영감을 받고 아이디어를 떠올려서 차별화된 콘텐츠로 구체화시켜야 한다. 그래야 경쟁도서를 뛰어넘는 나만의 독창적인 책을 쓸 수 있는 것이다. 그렇다면 경쟁도서로 어떤 책을 읽어야 할지 당신이 알기 쉽게 예를 들어 보겠다.

당신이 독서법에 관한 책을 쓰고자 한다면 다음과 같은 경쟁도서를 분석해야 한다.

유성환 《인생을 바꾼 바인더 독서법 & 글쓰기》
안상헌 《생산적 책 읽기》
다이애나 홍 《세종처럼 읽고, 다산처럼 써라》
구본준 · 김미영 《서른 살 직장인 책 읽기를 배우다》》
권영식 《다산의 독서전략》

박상배 《인생의 차이를 만드는 독서법》

이지성 《리딩으로 리드하라》

마쓰야마 신노스케의 《인생을 바꾸는 아침 30분 독서》

임원화 《하루 10분 독서의 힘》

송희진 《하루 10분 아침 독서습관》

쓰고자 하는 책이 자녀 교육서라면 다음의 도서들을 참고하면 좋다.

캐서린 크로퍼드 《프랑스 아이들은 왜 말대꾸를 하지 않을까》

최경선 《스칸디식 교육법》

장성오 《화내는 엄마, 눈치보는 아이》

엄윤희 《왜 내 아이만 키우기 힘들까》

고재학 《부모라면 유대인처럼》

칼비테 《칼비테의 자녀 교육법》

이미화 《기적의 부모수업》

존 가트맨 《내 아이를 위한 감정코칭》

법륜 《엄마수업》

이화자 《부모의 관점을 디자인하라》

부동산에 관한 책을 쓴다면 다음의 도서들을 참고하면 된다.

너바나 《나는 부동산과 맞벌이한다》

박상언 《나는 연금형 부동산으로 평생 월급받는다》

김덕문 《나는 청개구리 경매로 집 400채를 돈 없이 샀다》

심형석 《월세받는 부동산 제대로 고르는 법》

임동권 《10년 안에 꼬마빌딩 한 채 갖기》

이나금 《나는 쇼핑보다 부동산 투자가 좋다》

신정헌 《저는 부동산 경매가 처음인데요》, 《저는 부동산 경매가 처음인데요! 2탄》

김순길, 정의창 《나는 매일 부동산으로 출근한다》

김수영, 젊은 부자마을 《우리는 부동산으로 월급받는다》

김영록 《Hello 부동산, Bravo! 멋진 인생》

누구든지 책을 쓰기 위해서는 이와 같이 경쟁도서가 반드시 필요하다. 그런데 경쟁도서뿐만 아니라 참고도서도 이에 못지않게 없어서는 안 되는 소중한 책이다. 참고도서는 말 그대로 내가 필요한 부분만 참고하는 도서다. 그래서 정독이 아니라 발췌독서를 통해 내용을 정리해서 인용하거나 각색하면 된다. 어떤 책이든 내 원고에 필요한 사례나, 명언 등 하나라도 발췌할 수 있다면 그 책은 참고도서가 된다. 나는 첫 책이 출간되었을 때 많은 사람들로부터 질문을 받았다.

"조 코치님, 그 많은 참고도서들을 언제 다 읽었습니까? 제 책에도 사례로 인용하고 싶습니다. 사용해도 되는지 여쭙고 싶습니다."

"그럼요, 출처만 밝히신다면 얼마든지 가능합니다."

위와 같이 그들 중에는 나의 책을 사례로 쓰고 싶다고 말하는 사람들이 많았다. 그들 중 대표적인 사람으로 《사하라로 간 세일즈맨》을 출간한 황선찬 작가다. 그뿐만 아니라 실제로 예비저자들은 나의 책을 읽고 참고도서로 사용했고 집필을 성공적으로 마치기도 했다. 그 대표적인 저서들로는 금주은 저자의 《하루 10분, 하루 한 뼘》, 이석풍 저자의 《부자혁명》, 이대성 저자의 《위대한 고객》, 황상열 저자의 《모멘텀》 등을 들 수 있다.

참고도서는 말 그대로 참고도서이기에 모두 정독할 필요는 없다. 완성된 목차에서 참고도서와 비슷한 키워드가 있으면 발췌독서를 통해 필요한 부분만을 활용하면 된다. 그러나 참고도서도 자신에게 도움이 된다고 생각하면 정독하는 것이 좋다.

다음은 내가 첫 책을 집필하면서 참고도서로 사용한 책들이다. 하지만 나에게는 도움이 되는 책이었기에 모두 정독을 했고 몇 번씩 읽은 책도 있다.

《아프니까 청춘이다》, 《선물》, 《아웃라이어》, 《확신의 함정》, 《청춘 스위치온》, 《성공하는 사람들의 8번째 습관》, 《변신》, 《네 안에 잠든 거인을 깨워라》, 《부의 지혜》, 《아름다운 도전》, 《레미제라블》, 《계속해서 실패하라 그것이 성공에 이르는 길이다》, 《돈키호

테》, 《오체 불만족》, 《궁하면 변하고 변하면 통한다》, 《당신은 드림워커입니까》, 《꿈이 나에게 묻는 열가지 질문》, 《돈보다 운을 벌어라》, 《1인 기업이 갑이다》, 《괜찮아, 잘 될 거야!》 등 그 외 다수다.

이 책들은 나의 콘셉트와 관련된 분야의 책들은 아니다. 하지만 이 책들을 참고해서 영감을 얻고 좋은 문장들을 사례로 활용할 수 있었다. 참고도서도 경쟁도서 못지않게 중요하다는 것을 알아야 한다. 경쟁도서는 나의 콘셉트를 구체화시켜 수준 높은 원고로 이끌어주는 나침반 같은 존재다.

이와 더불어 참고도서는 원고 집필을 좀 더 맛깔나게 만드는 책 쓰기의 좋은 재료다. 참고도서에서 책 쓰기 재료를 꺼내어 자르고 다듬어 원고에 넣으면 멋진 사례가 된다. 이처럼 한 권의 책으로 출간되기까지 경쟁도서와 참고도서의 역할이 중요하다는 것을 잊지 말아야 한다.

경쟁도서를 읽으면 책을 어떤 식으로 써야 한다는 것을 파악할 수 있다. 경쟁도서는 눈으로 대충 읽는 것이 아니라 정독해야 한다. 같은 콘셉트의 도서들을 읽으면서 장점은 벤치마킹하고, 단점은 수정하면서 철저하게 밑그림을 그려나간다.
참고도서는 말 그대로 참고도서이기에 모두 정독할 필요는 없다. 완성된 목차에서 참고도서와 비슷한 키워드가 있으면 발췌독서를 통해 필요한 부분만을 활용하면 된다. 그러나 참고도서도 자신에게 도움이 된다고 생각하면 정독하는 것이 좋다.

5
세련되고 임팩트 있는 목차를
뽑아야 한다

　제목이 책 전체의 주제를 나타내듯이 목차는 책의 내용을 한눈에 볼 수 있도록 만든 개요나 마찬가지다. 독자들은 목차만 읽고도 책이 말하고자 하는 내용과 저자의 의도를 파악할 수 있다. 이는 우리가 책을 구매할 때 목차까지도 꼼꼼하게 살펴야 하는 이유이기도 하다. 그렇지 않고 제목과 표지만 보고 책을 구입하게 된다면 실망할 수도 있기 때문이다.

　나는 온라인 서점을 자주 이용하지만 일주일에 한 번 정도는 오프라인 서점을 방문하기도 한다. 한 번은 서점에서 표지가 눈에 띄고 신선한 제목이 나의 시선에 들어왔다. 그 순간 독자 한 분이 그 책을 집어 들었다. 그 독자는 저자의 프로필에 이어 목차를 살펴보더니 이내 책을 내려놓았다. 나도 그 책을 살펴보았더니 제목과 표지에 이어 목차가 기대에 미치지 못했다. 아무리 제목과 표지가 좋아도 목차가 진부하거나 허술하다면 이내 독자들의 관심 밖으로 밀려난다.

독자들은 멋진 표지와 섹시한 제목에 현혹되어 책을 집어들 수는 있다. 그러나 엉성한 목차구성에 의해 실망하고 내려놓을 수 있다는 점을 알아야 한다. 목차가 엉성하면 집필도 잘되지 않는다. 어쩌다 완성했다고 해도 출판사와 계약하기 어렵다. 책을 쓸 때는 제목뿐만 아니라 목차까지 꼼꼼하게 신경을 써야 한다. 세련되고 임팩트 있는 목차라면 출판사뿐만 아니라 독자들의 관심도 받게 된다. 이처럼 목차의 중요성도 제목만큼이나 중요하다.

그럼 목차는 어떻게 만들어야 하는 것인가? 특히 세련되고 임팩트 있는 목차는 어떻게 구성하는지 알아보기로 하자.

우선 책을 쓰기 위해 가장 먼저 장르와 콘셉트를 정하고 제목을 만든다. 그런데 아직 확정되지 않은 제목은 가제라고 한다. 그리고 출간되기 전 출판사에서 더 좋은 제목이 있으면 바꾸게 된다. 더 좋은 제목이 없다면 가제를 제목으로 확정한다. 한마디로 가제란 가짜 제목이라는 말이다. 또한 제목을 돋보이게 하기 위해 부제(소제목)도 따로 만든다.

일단 제목이 정해지면 책 쓰기의 뼈대를 구성하는 목차를 만들어야 한다. 목차는 특별한 원칙이 없지만 대개 4장에서 5장으로 되어 있지만 요즘은 6장에서 8장도 많이 사용한다. 원고 집필에 용이하고 독자들의 이해가 쉬우면 장의 개수는 크게 상관하지 않는다. 다만 장의 제목을 만들기 위해 기존의 책들을 분석하고 활용하는 노력이 필요하다.

필자의 두 번째 저서 제목은 《진짜 인생 공부》다. 부제는 '매일 결심만 하고 포기하는 평범한 당신을 위한'이다. 이 책의 목차는 총 5장으로 구성되어 있다.

1장 그대는 눈부시지만 나는 눈물겹다
   01 맞선 본 지 한 달 만의 결혼
   02 두 번의 주민등록 말소
   03 압류와 함께 도망자 신세가 되다
   04 수배자로 산다는 것
   05 죽느냐, 사느냐 선택의 갈림길
   06 그대는 눈부시지만 나는 눈물겹다
   07 최악의 질병은 바로 망설임이었다
   08 나는 착한 사람이 아니라 어리석은 사람이었다

2장 어떤 일을 하며 살아갈 것인가
   01 나를 넘어선다는 것
   02 나는 언제까지 견딜 수 있을까
   03 어떤 일을 하며 살아갈 것인가
   04 걸어 다니는 인생대백과사전
   05 밥심이 아니라 꿈심으로 살아라

06 멀리 가려면 멘토와 함께 가라

07 때로는 열등감이 성공의 씨앗이 된다

08 이제부터 인생의 주인으로 살겠다

3장 결국 모든 것은 나의 선택에 달려 있다

01 사표를 던질 것인가, 말 것인가

02 결국 모든 것은 나의 선택에 달려 있다

03 위기에서 기회를 발견하라

04 꿈꾸고 도전하며 거침없이 달려라

05 직장이 아닌 직업을 찾아라

06 내가 바뀌면 세상도 바뀐다

4장 인생의 터닝 포인트는 대학이 아닌 도서관에 있었다

01 책의 힘, 그것은 나에게 마법이었다

02 인생의 카운트다운이 시작되다

03 1,000일간의 생존 독서와 생존 글쓰기

04 배움을 돈으로 바꾸는 기술을 배우다

05 인생의 터닝 포인트는 대학이 아닌 도서관에 있었다

06 운명을 바꾸어줄 드림리스트와 드림보드를 만들어라

07 최고의 인생을 사는 법은 따로 있었다

5장 나는 도서관에서 천직을 찾았다

01 나는 평가 절하된 우량주였다

02 책을 쓴 후 내 인생이 달라졌다

03 자신을 믿고 독하게 미래를 만들어라

04 스펙 인생보다 스토리 인생을 살아라

05 나는 도서관에서 천직을 찾았다

06 지구별에서 진짜 여행자로 사는 법

07 수배자에서 여성 CEO가 되다

1장에서 5장까지 살펴보면 하나의 공식이 나타나는 것을 알 수 있다.

1장은 주제에 대해 문제를 제기하는 장이라고 할 수 있다. '내가 왜 눈물겨운 삶을 살게 되었는지', '무엇이 문제였는지'를 책을 통해 이유를 찾게 되는 장이다.

2장은 문제 제기에 대한 뒷받침을 해주는 장이다. 그 눈물겨운 삶을 어떻게 견디고, 언제까지 살아갈 수 있는지를 나타내며 독자들의 공감을 이끌어낸다.

3장은 주제에 대한 폐해, 문제점으로 구성된 장이다. 눈물겨운 시련을 겪게 된 것은 내 무지로 인한 잘못된 선택에 의한 것임을 깨닫고 그 역경을 이겨낼 수 있도록 동기부여해주는 장이다.

4장은 주제에 대한 구체적인 해법이나 대안을 통해 작가가 제시하는 노하우를 전수받을 수 있다.

3년 동안의 도서관생활로 나만의 노하우를 만들고 인생의 터닝 포인트를 찾았다. 마지막 장은 전체를 아우르는 장으로 결국 나는 도서관에서 천직을 찾아 행복한 제2의 인생을 맞이한 것이다.

　다시 말해 장 제목의 흐름은 처음 문제점을 제기해서 그것을 어떻게 극복하며 해결해 나가는 과정이다. 제목을 만들듯이 장 제목도 적어도 200개 정도 만들어야 한다. 제목 만들기 비법은 앞서 말했듯이 기존의 책을 이용하거나 신문, 잡지, 방송 등 다각도로 활용해 각색한다. 각색한 제목에서 위의 공식대로 배열해서 장 제목을 완성한다. 장 제목의 배열이 완성되면 꼭지제목을 만들어야 한다. 완성된 장 제목을 꼭지제목에 그대로 사용해도 좋다. 여기서 말하는 꼭지제목은 장 제목 아래에 나열된 소제목을 말한다.

　1장 그대는 눈부시지만 나는 눈물겹다(장제목)
　　　06 그대는 눈부시지만 나는 눈물겹다(꼭지제목)

　2장 어떤 일을 하며 살아갈 것인가(장제목)
　　　03 어떤 일을 하며 살아갈 것인가(꼭지제목)

　장제목이 완성되고 버려지는 제목에서 꼭지제목에 어울리는 제목이 있다면 사용해도 좋다. 장제목이 4장인 경우에는 꼭지제목은 각장마다 10개씩 해서 40꼭지를 만들면 된다. 5장인 경우에는 8개씩 만들면 40꼭지다. 보통 36꼭지에서 42꼭지를 쓰면 보통 A4용지 100~120매 정도가 나온다. 자기계발도서는 너무 분량이 많으면 부담스러울 수 있어 110매 정도가 적당하다.

이런 방법으로 목차구성을 한다면 쉽고 빠르게 책을 쓸 수 있다. 직장인들은 자기계발을 하는 시간이 많지 않다. 바쁜 시간을 쪼개서 내는 시간이니만큼 효과적인 방법으로 목차를 구성하는 연습을 해야 한다. 이런 연습들이 쌓이게 되면 더 세련되고 매력적인 목차를 구성할 수 있다.

책을 쓸 때는 제목뿐만 아니라 목차까지 꼼꼼하게 신경을 써야 한다. 세련되고 임팩트 있는 목차라면 출판사뿐만 아니라 독자들의 관심도 받게 된다. 이처럼 목차의 중요성도 제목만큼이나 중요하다.

책을 끝까지 쓸 수 있는 저력은
출간계획서에 있다

　책 쓰기의 절반인 목차가 완성되었다. 나머지 절반인 집필을 향해 야심차게 덤벼들지만 의외로 중도에서 포기하는 사람들이 많다. 그들이 중도에서 포기하는 데는 모두 한 가지 공통점이 있었다. 그것은 다름 아닌 출간계획서를 작성하지 않았다는 점이다. 그들은 목차가 완성됨과 동시에 바로 집필에 들어갔던 것이다.

　작가를 한자로 쓰면 '作家'가 된다. 뜻을 풀이하면 '집을 짓는 사람'이라는 말이다. 책을 쓰는 일도 집을 짓는 일이나 마찬가지다. 정확한 설계도에 의해 구체적인 계획이 나와야 집을 지을 수 있다. 그러면 부실공사 없이 정확한 날짜에 공사를 끝낼 수 있는 것이다. 이와 마찬가지로 목차가 완성되었다고 해서 바로 집필에 들어가는 것이 아니다. 먼저 출간계획서를 작성한 후 집필을 시작해야 한다. 출간계획서를 작성하는 경우와 그렇지 않는 경우는 완전히 다를 수밖에 없다.

예비저자들이 집필할 때 자신이 쓰고자 하는 콘셉트에서 벗어나 잘못된 곳으로 가는 경우가 많다. 이때 출간계획서는 자신이 가고자 하는 방향으로 안전하게 안내하는 내비게이션의 역할을 한다.

만약 이 단계를 무시한다면 방향을 잡지 못해 집필기간이 무진장 늘어지거나 중도에서 포기할 수 있다. 이때 예비저자들이 출간계획서를 작성했다면 끝까지 책을 쓸 수 있도록 힘을 주는 원동력이 된다. 그러니 출간계획서는 반드시 꼼꼼하게 작성해야 한다.

당신이 이해하기 쉽도록 저서를 집필할 때 작성한 출간계획서를 예로 들겠다.

출간 계획서

1. 가제

자신의 콘셉트에 맞춰 임시로 정한 제목이다. 출판사에서 최종 제목을 정하기 전까지 가제라고 한다. 《나는 도서관에서 천직을 찾았다》는 《진짜 인생 공부》로 제목이 바뀌어 출간되었다.

　　예 《나는 도서관에서 천직을 찾았다》

2. 기획 의도

원고를 기획하고 집필하게 된 의도를 자세하게 적는다. 원고의 방향을 제시하고 자신만의 차별화되는 점을 어필한다. 기획 의도는 출판사 투고 시 제출하는 투고 인사말의 뼈대가 된다. 향후 출판사로부터 마음을 열게 만드는 아주 중요한 부분이다.

> 예 이 책은 수많은 시련과 역경 속에서 굴복하지 않고, 꿈을 향해 도전할 수 있는 내비게이션 역할을 한다. 생생한 나의 경험을 통해 사람들에게 희망과 용기를 주고 미래가 기대되는 인생은 어떤 것인지 알려주는 책이다. 따라서 아무리 극한상황이라도 용기를 가지고 생존 독서와 생존 책 쓰기로 인생이 달라지기를 바란다.

3. 저자 프로필

자신의 스펙이나 경쟁력을 약력만 나열하는 것이 아니라 스토리텔링 형식으로 써야 한다. 프로필도 출판사 투고 시 투고인사말로 활용된다. 출판사는 출간 1~2주 전에 프로필과 서문을 요청하게 된다.

> 예 조경애
>
> 성공학 강사이자 자기계발 작가로 활동 중이다.(중략) 자신의 경험과 배움을 통해 얻은 지식을 이 시대의 아픈 청춘들에게 나눠주기 위해 진로 코칭과 멘토링을 해주는 '라이프 코치'로 활동하고 있다. 현재 〈조경애 미래경영연구소〉를 운영하고 있으며, 〈한국 책쓰기·성공학 코칭협회〉의 책 쓰기 코치로 활동하고 있다. 저서로는 《관점을 바꾸면 인생이 달라진다》, 《당신의 운명을 바꾸는 보물지도》, 《되고 싶고 하고 싶고 갖고 싶은 37가지》 등이 있다.

블로그 : http://blog.naver.com/jho0977

전자우편 : jho0977@naver.com

4. 예상 원고 내용

예상 원고 내용에는 원고 목차를 적으면 된다. 출판사에 투고 시 원고 목차는 원고 내용과 함께 투고한다.

> 예 1장 그대는 눈부시지만 나는 눈물겹다
>
>   01 맞선 본 지 한 달 만의 결혼
>
>   02 두 번의 주민등록 말소
>
> (중략)
>
> 5장 나는 도서관에서 천직을 찾았다
>
>   01 나는 평가 절하된 우량주였다
>
>   02 책을 쓴 후 내 인생이 달라졌다
>
> (중략)

5. 타깃 독자

타깃 독자는 이 책을 읽게 될 주 타깃 층이 되는 독자를 말한다. 타깃 독자를 광범위하게 잡으면 안 된다. 모든 사람을 타깃층으로 잡는 것은 결국 어느 독자층도 제대로 충족시킬 수 없다. 이런 두루뭉술한 독자층은 원고를 엉뚱한 방향으로 끌고 간다. 따라서 타깃 독자층을 정하는 것은 매우 중요하다.

> 예 이 책은 암담한 현실에서 굴복하지 않고, 자신의 꿈과 성공을

위해 도전하고 싶은 사람들을 위한 책이다. 불투명한 직장생활에서 자신의 미래가 기대되는 인생을 사는 것은 어떤 것인지 알려주는 책으로 30대들의 직장인들이 주 타깃층이다.

6. 경쟁 도서와 참고 도서

자신의 콘셉트와 유사한 기존의 책들을 연구하고 분석한다. 경쟁 도서와 참고도서는 3권~5권 정도만 적는다. 또 내가 쓰고자 하는 도서와의 차별성을 최대한 강조한다.

> 예 《나는 도서관에서 기적을 만났다》,《우리는 공부하는 가족입니다》,《천 번의 이력서》,《마음을 비우면 얻어지는 것들》, 《지금 당장 도서관으로 가라》

7. 마케팅 전략

책이 출간된 후 자신의 책을 어떻게 홍보할 것인지 미리 생각해 놓는다. 요즘은 저자와 출판사가 서로 소통하며 책을 마케팅하는 시대가 되었다. 즉 마케팅을 출판사에게만 맡기지 않고 저자가 할 수 있는 모든 방법을 동원해서 홍보해야 한다.

> 예 저자특강 및 다양한 콘텐츠의 강연이나 강의, 최적화된 블로그 마케팅이나 카페 마케팅, 카카오스토리나 페이스북 등을 통한 소셜 네트워크 마케팅.

자신의 이름으로 된 책을 쓰고자 한다면 집필하기 전 반드시 출간 계획서를 작성해야 한다. 이는 흐트러지는 자신을 바로 잡을 수 있고, 원고를 끝까지 완성할 수 있는 힘을 길러준다. 특히 원고를 쓰면서 자신이 바르게 쓰고 있는지 효과적으로 점검할 수 있는 역할을 한다. 원고의 퀄리티도 출간계획서로 인해 달라지므로 투고 시 미치는 영향은 엄청날 것이다.

다시 말하지만 목차가 완성되었다고 해서 바로 원고쓰기에 들어가는 것은 어리석은 일이다. 특히 예비저자일수록 집필하기 전 반드시 출간계획서를 써야 한다. 그렇지 않으면 조금만 힘들어도 쉽게 흔들리고 좌절할 수 있기 때문에 언제든지 그만둘 수 있다. 책을 쓰겠다고 결심했다면 제대로 된 출간계획서를 작성해 보자. 출간계획서는 집필하는 내내 당신의 내비게이션 되어 초고 완성이라는 목적지까지 무사히 안내할 것이다.

> 집필하기 전 반드시 출간계획서를 써야 한다. 그렇지 않으면 조금만 힘들어도 쉽게 흔들리고 좌절할 수 있기 때문에 언제든지 그만둘 수 있다.

책의 퀄리티는 사례에 있다

"사례를 어디에서 찾아야 하나요?"

"제 이야기만 자꾸 쓰려니 자서전 같아요."

"저는 메시지와 사례를 어떻게 연결시켜야 할지 모르겠어요."

상담을 하면서 하루에도 몇 번씩 받아보는 질문들이다. 대부분의 사람들이 책을 출간하고 싶어 하지만 책 쓰기는 어려워한다. 그들은 어떻게 하면 책을 잘 쓸 수 있는지, 자신에게 책을 쓸 재료가 있는지 물어본다. 사람은 누구에게나 자신만의 경험과 생각이 있고 책을 쓸 수 있는 잠재능력이 있다. 그런데 그들은 자신 속에 잠재된 능력이 있다는 것을 깨닫지 못한다. 그 잠재능력을 깨워 주는 것이 책 쓰기 코치인 필자가 하는 일이다.

나는 책 쓰기뿐만 아니라 동기부여와 의식까지 강화시키고 있다. 그렇지 않고 책 쓰기만 가르친다면 힘든 일이 생길 때, 그 원인이 자의든 타의든 포기할 가능성이 높다. 처음 책 쓰기를 시작하는 사람들은 의욕이 넘쳐 열의를 가지고 시작한다. 그러나 책을 쓰면서 성취감을 느껴본 적이 없기에 쉽게 흔들리고 포기도 빠르다. 더구나 혼자서 책을 쓰는 사람들은 책 쓰기에 관한 과정을 알지 못하니 더욱 힘들 수밖에 없다.

이처럼 책 쓰기를 배우는 사람과 배우지 않는 사람은 바로 원고의 형식에서도 차이가 난다. 책 쓰기를 배우지 않은 사람은 무작정 자신의 생각이나 경험을 일기형식으로 적는 경우가 많다. 이런 원고는 어딘가 엉성한 느낌을 주는 자비 출판용 원고와 같다.

자비출판은 목차가 없거나 있어도 하나같이 진부한 느낌을 준다. 꼭지제목(소제목)을 뒷받침해주는 사례도 없다. 또한 대중서라고 말하기엔 너무 어렵게 쓰여 있고 자기주장이 강해 전공서에 가깝다. 독자들은 딱딱하고 어려운 책은 읽기 싫어한다. 그런 책은 쉽게 흥미를 잃고 싫증을 느껴 책을 덮어 버릴 것이다.

아무리 좋은 내용이 담긴 책이라도 어려운 전문서와 같다면 독자들은 외면해 버린다. 또 사례 없이 저자의 생각과 철학만 주장한다면 독자들은 강요받는 느낌을 가져 거부할 수 있다.

책을 쓸 때는 자신의 생각보다 독자를 먼저 생각하며 책을 써야 한다. 즉 저자의 스토리, 생각, 철학만을 쓰는 것이 아니다. 이를 뒷받침해 줄 수 있는 좋은 사례도 적절하게 섞여야 수준 높은 책, 잘 팔리는 책이 되는 것이다.

일단 목차까지 나왔으면 본격적인 사례 찾기에 들어가야 한다. 사례가 적절하면 글에 대한 영감도 쉽게 떠오르기에 원고의 완성도를 높일 수 있다. 가장 먼저 완성된 목차의 각 꼭지에 들어갈 적절한 사례를 찾아야 한다. 제대로 된 원고를 쓰기 위해서는 한 꼭지에 2개 정도의 사례를 넣는 것이 좋다. 저자의 적절한 사례는 자신이 주장하는 메시지를 뒷받침할 수 있어 중요하다. 특히 유명인사의 말은 충분한 설득력을 가진다.

이런 사례 없이 한 권 분량의 원고를 채운다는 것은 여간 어려운 일이 아니다. 책 한 권을 쓰기 위해서는 A4용지 110매 정도의 분량을 써야 한다. 이것을 예비저자가 채우기란 정말 힘들고 고통스러운 일이라고 할 수 있다. 원고분량을 사례 없이 채우게 되면 반복되는 글이 생기고 군더더기가 많아진다. 갈수록 재료고갈로 인해 책 쓰기가 두려워져 중도에서 포기하는 사람도 늘어난다. 어쩌다 완성해도 저자의 메시지만 반복될 뿐 독자에게 별다른 흥미와 감동을 주지 못한다.

좋은 사례는 글이 매끄럽게 이어질 수 있도록 윤활유 역할을 한다. 저자의 말에 힘을 실어주고 독자를 이해시키며 재미와 흥미까지 일으켜준다. 또한 사례를 통해 전반적으로 글이 자연스럽고 풍성해진다. 하지만 사례가 중요하다고 저자의 메시지보다 많으면 안 된다.

책을 쓸 때는 저자의 메시지가 70%, 나머지 30%는 사례로 채워져야 한다. 즉 70%에는 내 경험과 생각, 지식, 철학 등으로 이루어져야 한다. 나머지 30%는 사례로 내 메시지를 뒷받침해서 재미와 공감으로 힘을 실어주어야 한다. 쉽고 재미있게 잘 읽히는 책은 대개 이런 형식으로 이루어진다.

이러한 사례는 어디에서, 어떻게 찾아야 하는가? 그 방법은 생각보다 쉬울 수 있다. 우선 나의 영감에서 떠올려 찾아낼 수 있다.

아인슈타인은 샤워 도중에 최고의 아이디어가 떠오른다고 했다.

필자는 샤워 도중은 아니지만 운동하다가 적절한 사례나 글감 아이디어가 번뜩 떠오르는 편이다. 집필을 하다가 난항을 겪을 때면 힘들게 끙끙대는 것보다 운동을 하러 간다. 이는 떠오르지 않는 아이디어를 억지로 짜내는 것보다 효과적이기 때문이다.

하지만 이런 영감이 떠오르지 않는다고 해서 크게 걱정할 필요는 없다. 소설가는 아이디어를 통해 창작해서 책을 써야 하지만 비소설가는 아이디어가 중요한 것이 아니다. 자신의 메시지에 사례를 첨가하여 자연스럽게 문맥으로 연결시키면 된다. 여기서 사례란 '어떤 일이 전에 실제로 일어난 예'를 말한다. 말 그대로 실제로 있었던 사실을 내 콘셉트에 맞게 쓰면 되는 것이다.

나는 거리의 현수막이나 버스와 지하철의 광고에서도 사례를 발견하기도 한다. 특히 3년 동안 도서관생활을 했던 경험들이 그대로 사례로 등장하기도 했다. 그 밖에 가족이나 지인들의 이야기, 직장 동료나 상사 등의 이야기를 아낌없이 사례로 투척했다.

필자의 한 지인은 찜질방에서 수다를 떠는 무리가 투척해주는 스토리를 각색해서 소설로 쓰기도 했다. 이렇게 사례로 쓸 수 있는 재료는 무궁무진하다. 당신이 흔히 접할 수 있는 인터넷, 신문, 잡지, 단행본, TV, 라디오 등 일상생활에서 사례를 찾으면 된다.

글을 쓰는 사람은 항상 목차를 가지고 다녀야 한다. 그리고 콘텐츠를 찾는 자신의 안테나도 켜두어야 한다. 이는 언제라도 사례를 발견하면 바로 꼭지제목 아래에 적어야 하기 때문이다. 목차를 만들 때는 제목, 장 제목, 꼭지 제목순으로 내려간다. 각각의 꼭지제목 사이에는 3~4줄 정도 비워두어야 사례를 적을 수 있다.

인터넷을 활용하고자 한다면 자신의 꼭지 제목에서 키워드를 검색하면 쉽게 찾을 수 있다. 예를 들면 '관점을 바꾸면 인생이 달라진다'라는 꼭지제목에서 '관점', '인생'을 키워드로 잡고 사례를 찾으면 훨씬 수월하다. 그 키워드에 따른 도서나 문구, 명언, 기사 등 다양한 사례가 나타날 것이다.

경쟁도서를 정독할 때는 반드시 목차를 옆에 두어야 한다. 책을 읽으면서 떠오르는 생각이나 아이디어는 여백을 이용해 적어 놓는다. 내 콘셉트에 적절한 사례를 발견할 경우에는 목차의 꼭지제목에 '책 제목', '페이지'를 적어 넣는다.

신문이나 잡지를 참고할 경우에는 항상 커터 칼을 손에 쥐고 읽는 것이 좋다. 눈에 띄는 기사가 나오면 바로 오려낸 후 날짜를 기록한 뒤 스크랩한다. 또한 스마트 폰으로 촬영해서 컴퓨터의 자료 폴더를 만들어 저장한다. 이렇게 모인 자료 폴더들은 키워드별로 분류하여 정리한다.

자료 폴더까지 정리했으면 책 쓰기에 필요한 자료와 정보 수집은 모두 준비되었다. 이렇게 자료를 모으고 정리하는 것은 중요한 일이다. 만약 모아둔 자료 폴더가 이번 책에 적용되지 않더라도 다음 책의 재료가 될 수 있다. 사례를 활용하고 적용할 수 있는 것은 능력이 아니라 반복된 노력이 필요한 것이다.

어떤 책이든 다양한 사례가 모이지 않으면 한 권의 책으로 완성되기는 어렵다. 실제로 베스트셀러를 살펴보면 사례 없는 책은 단한 권도 없다. 좋은 책은 좋은 사례에서 나온다는 말이 있다. 완성도 있는 책을 쓰기 위해서는 항상 안테나를 켜고 콘텐츠 사냥꾼이 되어야 한다. 그러면 책의 퀄리티를 높일 수 있는 멋진 사례를 찾을수 있을 것이다.

좋은 사례는 글이 매끄럽게 이어질 수 있도록 윤활유 역할을 한다. 저자의 말에 힘을 실어주고 독자를 이해시키며 재미와 흥미까지 일으켜준다. 또한 사례를 통해 전반적으로 글이 자연스럽고 풍성해진다.

반드시 체크해야 할 5가지 책 쓰기 기술

　사람들은 자신의 저서를 내고 싶은 열망에 의해 책을 쓰기 시작한다. 그런데 막상 책을 쓰려고 하면 설레임보다 두려움이 커서 앞으로 나아가지 못한다. 특히 초고를 쓸 때 첫 문장부터 막히는 경우를 누구나 경험했을 것이다. 어쩌면 당신도 지금 그 이유로 책 쓰기를 망설이고 있는지도 모른다. 누구든지 처음부터 잘하는 사람은 없다. 처음부터 지나치게 잘 쓰려고 욕심내서는 안 된다. 잘 쓰려고 하는 마음 때문에 그에 못지않게 실패에 대한 두려움도 커지게 된다. 두려움이 클수록 부담감은 가중되어 책 쓰기는 요원한 일이 되어 버린다. 예비저자들은 "초고를 시작하려고 하니 무엇을, 어떻게 써야 할지 막막합니다."라고 말한다.

　나는 그들에게 이렇게 말한다.

"일단 초고를 잘 써야겠다는 부담감을 버리세요. 무슨 글이든 상관없으니 무조건 써내려 가면 됩니다. 처음 한 줄, 두 줄이 어렵지 쓰다 보면 그 글과 내 생각들이 연결되어 하나의 메시지로 이어집니다. 책 쓰기에 탄력이 붙는 것이죠. 이렇게 한 꼭지, 두 꼭지를 쓰게 되고 이것이 모이면 한 권의 책이 되는 것이죠. 그런데 글을 쓰면서 계속 수정하는 습관을 들이면 진도가 나가지 않아요. 그러면 점점 힘들어져 원고를 완성하지도 못하고 포기할 수 있습니다. 내가 쓴 초고가 아무리 걸레 같은 느낌이 들어도 계속해서 써내려가세요. 걸레 같은 초고라도 탈고과정이 있으니 그때 수정하면 됩니다."

예비저자들은 하나같이 초고를 잘 써야겠다는 욕심을 가지고 있다. 처음부터 잘 쓰고자 하는 욕심이 강하면 실패에 대한 두려움에 사로잡히게 된다. 그러면 잘 쓰기는커녕 시작조차 제대로 할 수 없다. 어쩌면 시작도 하기 전에 초고라는 암벽에 부딪혀 좌절하고 포기할 수도 있다.

나는 여러 권의 책을 출간했지만 아직도 컴퓨터 모니터 앞에서는 망설여진다. 그런데 무슨 글이든지 시작하게 되면 그 글이 물결이 되어 강물을 이루어 나간다.

처음부터 완벽하게 쓰겠다는 욕심을 버려야 한다. 오히려 첫 문장을 무시하고 무작정 써내려가는 습관을 길러야 한다. 써내려가다 보면 모니터의 하얀색 바탕이 검은색 활자로 채워지는 경험을 하게 될 것이다. 어설프게나마 시작된 초고이지만 글이 이어지면서 자연스럽게 초고를 완성하는 기쁨을 누릴 수 있다. 비록 보잘 것 없는 초고일지라도 탈고를 거쳐 다듬으면 옥고로 만들 수 있다.

이러한 초고과정을 통과하지 못하면 그 어떤 원고도 책으로 출간되지 못한다. 아무리 초고 쓰기가 두렵고 어려워도 반드시 끝까지 써내야 책이라는 결과물을 만날 수 있다. 초고 쓰기는 누구에게나 힘이 드는 일이다. 더구나 초고 쓰기의 첫 문장은 예비저자에게는 당연히 어려울 수밖에 없다.

그런데 진짜 초고 쓰기가 두렵고 힘든 이유는 따로 있다. 그것은 바로 초고 쓸 때 알아야 할 책 쓰기의 기술을 알지 못하기 때문이다. 이는 훌륭한 선수가 되고 싶으면 훌륭한 코치에게 배우듯이 책쓰기도 마찬가지다. 책을 잘 쓰기 위해 책 쓰기 코치에게 그 기술을 배운다면 보다 빠르고 쉽게 나아갈 수 있다.

그렇다면 초고 쓸 때 반드시 알아야 할 책 쓰기의 기술은 어떤 것이 있는지 살펴보기로 하자.

첫째, 원고 분량이 적절한가.

초고를 쓸 때는 목차에 배치된 각 장의 꼭지 수를 기준으로 원고분량을 체크해야 한다. 현재 출간되는 책의 분량은 대부분 250~300매 정도가 된다. 원고지 매수로 환산하면 800~900매 정도다. A4용지 기준으로는 100매~120매 정도지만 110매 정도가 적당하다.

한 초보 작가는 초고를 A4용지 200매를 써서 삭제할 때 엄청 힘들었다고 말했다. 원고분량이 부족하면 다시 채워 넣어야 하기에 힘이 들 수 있다. 그런데 넘치는 원고분량을 잘못 삭제하면 연결의 흐름이 끊기거나 책의 내용이 달라지기에 더욱 힘이 든다. 책을 쓰는 사람이라면 원고분량은 반드시 기억해야 한다. 그렇지 않으면 많은 시간과 노력을 낭비하게 될 것이다. 목차의 꼭지제목은 평균적으로 40장 내외로 구성한다. 한 꼭지에 A4용지 2~3매, 평균적으로 2.5매가 적당하다.

둘째, 서론, 본론, 결론이 명확하고 서로 일맥상통하는가.

서론, 본론, 결론은 하나의 주제로 일맥상통하면서도 그 뜻이 명확해야 한다. 서론을 쓰면서 결론처럼 강한 주장을 해서는 안 된다. 본론은 사례와 사례 사이에 어떻게 자신의 메시지를 넣으며 매끄럽게 이어갈 것인지, 또 꼭지제목의 주제에서 메시지나 사례가 벗어나지 않도록 신경 써야 한다. 마지막으로 결론은 전체를 아우르면서도 간결하고 임팩트가 강한 저자의 주장이 나와야 한다. 따라서 서론, 본론, 결론은 자신이 내포하고자 하는 내용을 명확하게 하면서 문맥의 흐름도 자연스럽게 이어져야 한다.

셋째, 저자의 경험과 지식, 생각, 철학 등이 담겨 있는가.

출판사들이 원고 내용 중에서 가장 우선적으로 보는 것은 저자의 경험이다. 누구에게나 삶의 희로애락은 가지고 있다. 이러한 인생 스토리는 그 누구도 대체할 수 없는 가장 중요한 부분이다. 책을 통해 저자의 인생경험과 지식, 생각, 철학 등이 그대로 독자에게 전달되고 공감할 수 있어야 한다. 특히 성공한 저자들의 인생 스토리는 독자들에게는 삶의 지침서가 되고 훌륭한 멘토링이 될 수 있다.

넷째, 적절한 사례로 저자의 메시지가 뒷받침되었는가.

사례의 중요성은 몇 번을 말해도 지나치지 않다. 사례는 저자의 메시지에 힘을 실어 줄 뿐만 아니라 문맥의 흐름도 매끄럽게 연결해 준다. 저자의 메시지만 있는 원고는 자칫하면 독자에게 저자의 생각을 강요하는 것처럼 비칠 수 있다. 적절한 사례는 원고의 내용을 더 풍미 있고 맛깔스럽게 한다.

다섯째, 술술 읽히며 재미와 지적 호기심을 유발하는가.

책은 누가 읽어도 쉽고 재미있게 술술 읽혀야 한다. 그런데 재미있다고 내 이야기만 주구장창 써내려간다면 일기나 마찬가지 형식이 된다. 사람들에게 읽히기 위해서는 흥미와 함께 지적 호기심을 일으킬 수 있는 정보가 있어야 한다. 간혹 전문용어와 함께 어렵게 쓰는 것이 좋은 글이라고 생각하는 사람들도 있다. 절대 그렇지 않다. 중학생이 읽어도 재미있고 쉽게 공감하고 이해할 수 있는 내용이어야 한다. 어려우면서 재미없고 따분한 책은 아무도 거들떠보지 않는다. 베스트셀러가 된 책들은 하나같이 재미있고 술술 읽히는 책이다.

위와 같이 책은 타고난 능력보다 배우고 익히는 과정 속에서 반복되는 노력에 의해 쓸 수 있다. 그렇지 않다면 글쓰기를 배웠거나 국문학과 출신인 사람들은 모두 작가가 되어 있어야 한다. 그들은 뛰어난 문장력과 풍부한 어휘력을 가지고 있다. 하지만 그런 훌륭한 능력이 있음에도 불구하고 책을 쓰는 것을 두려워한다.

잘 쓰고자 하는 부담감을 내려놓아야 한다. 쓰레기처럼 써내려가도 상관없다. 초고 뒤에는 언제나 탈고가 기다리고 있다는 것을 기억하면 된다. 일단 쓰기 시작하면 그 글이 연계되어 내 생각이 쏟아지며 집필에 탄력이 붙는다. 그러니 무슨 글이든 무조건 써내려가자. 단지 책을 쓰기 전에는 반드시 위의 5가지 기술을 생각하고 써야 한다. 그러면 효과적인 책 쓰기 실전 노하우를 익히게 될 것이다.

반드시 알아야 할 책 쓰기의 기술

첫째, 원고 분량이 적절한가.
둘째, 서론, 본론, 결론이 명확하고 서로 일맥상통하는가.
셋째, 저자의 경험과 지식, 생각, 철학 등이 담겨 있는가.
넷째, 적절한 사례로 저자의 메시지가 뒷받침되었는가.
다섯째, 술술 읽히며 재미와 지적 호기심을 유발하는가.

4장

위대한
고쳐 쓰기

초고는 2개월 안에 완성하자

"몇 시간째 멍하니 첫 문장도 쓰지 못하고 있습니다."

"원고를 집필하기 위해 경쟁도서와 참고도서도 많이 읽었어요. 그런데도 자신이 없어요. 책을 쓸 수 있을까요."

많은 사람들이 초고 쓰기의 애로사항을 토로한다.

나는 그들에게 잘 쓰려고 하기보다 앞장에서 말한 초고 쓰기의 5가지 비법을 참고해서 쓰라고 말한다. 잘 쓰려고 하면 부담감이 생기고 그 부담감으로 인해 두려움이 생긴다. 그 두려움으로 인해 오히려 시작조차 하지 못할 수 있다. 설령 시작하더라도 지우기를 반복하다 한 줄도 쓰지 못하고 컴퓨터를 꺼버릴 수 있다. 결국 세월만 하염없이 늘어지게 되고 몇 년이 걸려도 초고를 쓰지 못하는 결과가 발생한다. 그러면 책 쓰기는 점점 더 멀어지면서 포기하게 되는 것이다.

《글쓰기 수업》의 저자 앤 라모트는 이런 말을 했다.

"대부분의 명문들도 거의 다 형편없는 초고로부터 시작된다. 당신은 일단 무슨 문장이든지 써볼 필요가 있다. 내용은 뭐라도 상관없다. 시작이 반이라고 종이 위에 쓰기 시작하는 것이 중요하다."

앤 라모트의 말처럼 초고를 쓸 때는 무조건 써내려가야 한다. 베스트셀러도 형편없는 초고에서 시작되었다. 무슨 글이라도 첫 문장을 쓰면 탄력을 받아 그 다음 문장이 쉽게 나올 수 있다. 그런데 무작정 쓰는 초고지만 첫 문장을 쓰는 데는 특별한 스킬이 필요하다. 그 스킬을 이용한다면 초고는 훨씬 더 빠르고 쉽게 쓰면서 완성도까지 높일 수 있다. 사실 초고는 첫 문장을 어떻게 쓰느냐에 따라 원고의 퀄리티가 달라진다. 예비저자들은 이런 첫 문장 쓰는 스킬을 알지 못하기에 초고 쓰기가 두렵고 힘든 것이다. 나는 그 두려움을 극복할 수 있는 첫 문장을 쉽게 쓸 수 있는 7가지 스킬을 살펴보고자 한다.

첫째, 나의 생각이나 가치관, 철학 등으로 시작한다.
둘째, 과거 또는 현재 처해진 자신의 상황을 쓴다.
셋째, 과거 또는 현재의 사회적인 분위기로 서술한다.

넷째, 유명한 사람들의 명언을 사용한다.

다섯째, 인용, 각색을 통한 사례로 시작할 수 있다.

여섯째, 과거의 경험으로 시작한다.

일곱째, 나의 바람을 서술하면서 시작한다.

위의 7가지 스킬을 참고하여 쓴다면 첫 문장의 두려움을 극복하는 데 많은 도움이 된다. 첫 문장은 꼭지 제목의 주제에서 벗어나지 않고 가볍고 편안하게 시작하면 된다. 만약 첫 문장에서부터 강한 주장이 나온다면 다음 문장부터 쓰기가 부담스럽고 막막해진다.

예를 들어 《관점을 바꾸면 인생이 달라진다》에서의 첫 문장을 살펴보자.

"생각하는 대로 살지 않으면 사는 대로 생각하게 된다."

이는 폴 부르제의 명언이다. 이 글을 읽는 순간 잠시 동안 아무 생각도 나지 않으면서 이내 가슴이 먹먹해졌다.(명언으로 시작)

나는 결혼 이후 학원을 운영하면서 남부럽지 않게 살았다. 하지만 순간의 잘못된 판단으로 지인에게 보증을 잘못 섰는가 하면 사기를 당하면서 인생이 곤두박질치기 시작했다.(내 경험으로 시작)

사람들은 마흔 고개를 넘으면서 많이 지치고 힘들어하며 현실의 중압감에 사로잡힌다. 이들은 어떠한 낙도, 재미도 느끼지 못할 뿐 아니라 하루하루 살얼음판을 걷는 심정으로 살아간다.(사회적인 분위기로 시작)

위의 예문처럼 첫 문장의 스킬을 익히게 되면 1~2개월 안에 초고를 완성할 수 있다. 보통 초고는 집필을 시작해서 2개월 안에 완성하는 것이 좋다. 이 스킬을 모른다면 계속 시간을 끌게 되면서 열정이 식어지면서 우선순위에 밀려나게 된다. 어쩌면 몇 년이 걸릴 수도 있고 평생 원고를 쓰지 못할 수도 있다. 그러면 자신의 새로운 인생을 열어주는 기회는 영원히 사라지게 된다. 그래서 집필하기 전 출간계획서를 만들어 치밀한 계획을 세워야 하는 것이다.

보통 초고는 집필을 시작해서 2개월 안에 완성하는 것이 좋다. 이 스킬을 모른다면 계속 시간을 끌게 되면서 열정이 식어지면서 우선순위에 밀려나게 된다. 어쩌면 몇 년이 걸릴 수도 있고 평생 원고를 쓰지 못할 수도 있다.

초고 완성날짜를 선언하자

이제 2개월 안에 완성하겠다는 마음을 먹었다면 초고 완성날짜를 선언하는 것도 중요하다. 이 선언은 자신뿐만 아니라 가족이나 지인, 활동하고 있는 블로그, 카페, 페이스북 등을 활용하면 굉장한 효과를 볼 수 있다.

연예인 이승신은 MBN TV '속풀이쇼 동치미' 방송에 나와 매일 팔굽혀펴기를 한다고 했다. 그녀는 이 운동으로 갱년기를 극복하고 건강까지 찾았다고 말했다. 원래 그녀는 끈기가 없고 싫증을 자주 내기에 운동을 해도 끈질기게 하지 못했다. 건강을 위해 헬스클럽을 다니고 '만 보 걷기'도 시도했지만 자신의 뜻대로 이루지 못했다. 그래서 시작한 것이 팔굽혀펴기였다.

어느 날 남편이 매일 팔굽혀펴기하는 모습을 SNS에 올리라고 했다. SNS에 공식적으로 약속을 하는 거니까 지킬 수 있다는 것이었다. 그녀는 남편의 말대로 SNS에 선언했고 그 이후로 매일 팔굽혀펴기를 200개씩 올리고 있다. 하기 싫은 날도 많았지만 공식적으로 선언을 했기 때문에 2년째 꾸준히 200개씩 올리고 있다. 지금은 건강해진 자신을 보고 온 가족이 운동을 하게 되었다며 행복해하고 있다.

나는 그녀가 갱년기를 극복하고 건강을 찾게 된 가장 큰 이유는 SNS에 선언했기 때문이라고 생각한다. 그 선언으로 귀찮고 하기 싫어도 어쩔 수 없이 매일 할 수밖에 없었을 것이다. 그 결과 그녀는 건강하고 행복한 삶을 살고 있는 것이다. 이처럼 선언한다는 것은 그만큼 엄청난 힘을 가지는 것이다.

초고 완성도 이와 마찬가지다. 초고 완성날짜를 선언하면 책임의식이 뇌리에 박히게 된다. 어떻게든 그 약속을 지키기 위해 치열하게 노력한다. 당신도 초고를 쓰기 전 초고 완성날짜를 미리 선언하고 시작해보자.

선언하는 그날부터 초고 완성날짜가 뇌리에 박혀 의식적으로 생각하고 행동하게 된다. 의식적인 사고와 습관은 점차적으로 무의식과 연결되어 어떻게든 선언한 날짜에 초고를 완성하게 된다. 이는 잠재의식의 힘을 이용하여 원하는 것을 달성할 수 있는 강력한 방법이다.

당신도 초고 완성을 선포하고 위의 스킬들을 사용해 초고를 써보자. 그러면 2개월 안에 초고를 완성할 수 있다.

어떤 사람은 직장생활로 정신없이 바쁜데 어떻게 2개월 안에 쓸 수 있느냐고 묻는 사람도 있다. 물론 예외도 있을 수 있다. 하지만 특별한 경우를 제외하고는 2개월 안에 초고를 완성할 수 있다. 쓰고자 하는 열정만 있다면 누구든 가능하다. 출근 전, 퇴근 후의 1시간씩만 노려도 하루 2시간은 만들 수 있다.

책 한 권의 목차는 평균적으로 40꼭지 내외로 되어 있고, 1꼭지는 A4용지로 2.5매 정도다.

하루에 2시간을 이용해 1꼭지만 쓴다고 해도 40일이면 초고를 완성할 수 있다. 물론 처음에는 하루에 1꼭지는커녕 몇 줄도 못 쓸 수 있다. 그러나 원고를 집필하면 할수록 탄력이 붙는다. 하루에 1꼭지는 물론 2꼭지, 3꼭지도 쓸 수 있는 힘이 생긴다. 그렇기 때문에 하루에 1꼭지는 반드시 쓴다고 결심하고 계획을 세우는 것이 좋다.

자신의 달력이나 다이어리에 초고 완성날짜를 표시해서 늘 각인시켜야 한다. 그래야 초고를 완벽하게 쓰기보다 기간 안에 끝낼 수 있다. 그러니 두려워하지 말자.

초고 완성날짜를 선언한다면 누구나 2개월 안에 초고를 완성할 수 있다.

초고 완성날짜를 선언하면 책임의식이 뇌리에 박히게 된다. 어떻게든 그 약속을 지키기 위해 치열하게 노력한다. 당신도 초고를 쓰기 전 초고 완성날짜를 미리 선언하고 시작해보자.

3
위대한 고쳐 쓰기

책을 쓰는 사람들은 누구나 할 것 없이 자신의 저서가 베스트셀러 되기를 원한다. 그 이유는 베스트셀러가 되면 그에 따른 인세수입과 함께 각종 강연이나 방송출연 등을 통해 유명해질 수 있기 때문이다. 그런데 그들은 베스트셀러가 되고 싶어 하면서도 가장 중요한 탈고 과정을 소홀히 하고 있다. 바쁘고 힘들다는 이유로 최선을 다해 고치지 않는다.

원고를 읽어보면서 눈에 띄는 오탈자와 문맥의 흐름만 살펴보고 출판사에 투고하는 것이다. 결과는 어떻게 될 것인가? 탈고를 대충한 원고는 최선을 다해 정성껏 다듬어진 원고에 비해 질이 떨어지기 마련이다. 심지어 원고의 맞춤법이나 오탈자, 문맥의 흐름이 자연스럽지 않은 경우도 많다. 이런 원고는 투고와 동시에 바로 휴지통으로 들어가게 될 것이다.

세계적인 동화작가인《샬롯의 거미줄》의 저자 엘윈 브룩스 화이트는 이렇게 말했다.

"위대한 글쓰기는 존재하지 않는다. 오직 위대한 고쳐 쓰기만 존재할 뿐이다."

예비저자들이 초고를 쓰면서 계속해서 원고를 읽어 보았기에 더 이상 읽고 싶지 않은 마음은 이해한다. 그들이 탈고 과정을 통해 다시 또 읽고 고쳐야 한다는 것은 여간 어려운 일이 아니다. 하지만 그럼에도 불구하고 탈고과정은 반드시 거쳐야 한다. 엘윈 브룩스 화이트처럼 초고는 무작정 써내려가도 고쳐 쓰기는 심혈을 기울여서 공을 들여야 한다는 것이다.

《7년의 밤》,《28》을 출간한 소설가 정유정은 초고 완성에는 많은 시간을 들이지 않았다. 하지만 탈고에 있어서는 엄청난 시간과 정성을 들였다. 그녀의 저서《7년의 밤》을 계속해서 수정하다 보니 나중에는 토할 것 같다고 말한 적이 있다.《28》의 탈고도 결말을 제외하고는 초고를 모두 엎어 버리고 다시 썼다고 했다. 그녀의 말처럼 탈고하는 과정은 정말 진이 빠질 정도로 고통스럽고 힘든 일이다. 그러나 이런 탈고과정이 없다면 원고의 완성도는 기대할 수 없다. 비록 힘들고 고통스러웠지만 이런 탈고과정이 오늘의 그녀를 만들었다고 해도 과언이 아니다.

그녀처럼 유명한 저자들도 엄청난 탈고 과정을 거쳐야 하나의 완성된 작품을 만든다. 이는 곧 완성도가 높은 원고일수록 치열한 탈고과정을 거쳤다는 것을 알 수 있다. 유명한 저자일수록 수정을 거듭하는 이유이기도 하다. 그런데 많은 예비저자들은 초고에서 너무 진을 빼기에 탈고에서는 대충하고 싶어 한다.

"코치님, 탈고를 몇 번이나 해야 되나요? 이 정도면 되지 않을까요?"

"원고가 눈에 익어서 헷갈려요. 다시 볼 엄두가 안 나요."

"더 이상 봐도 지금보다 나아질 것 같지 않아요."

그들의 질문에 "탈고는 많이 할수록 원고의 완성도가 좋아집니다."라고 말한다. 하지만 탈진한 그들에게 무작정 많이 하라고 말할 수도 없었다. "적어도 다섯 번 정도의 탈고는 거쳐야 자신의 글이 완성될 수 있습니다."라고 덧붙여 말했다.

물론 초고 완성을 위해 지금까지 힘들었다는 것은 알고 있다. 또다시 반복되는 수정과정은 정말 고통스럽다 못해 고문에 가까울 것이다. 하지만 출판사로부터 러브콜을 받고 독자들의 사랑을 받기 위해서는 반드시 거쳐야 하는 과정이다.

탈고과정은 유명한 저자보다 예비저자일수록 더 많은 탈고 횟수를 거쳐야 한다. 그런데 실상은 그 반대인 경우가 대부분이다.

일단 초고가 완성되면 탈고하기 전 일주일 정도는 쉬는 것이 좋다. 그 이유는 초고를 쓰면서 자신의 원고에 익숙해져 원고에 대한 감각이 무뎌졌기 때문이다. 일주일 동안은 자신이 좋아하는 영화나 여행 등 하고 싶었던 것을 하면 된다. 그럼 일주일 뒤에는 객관적인 관점에서 내 원고를 판단하고 수정할 수 있는 능력이 생긴다.

초고 과정은 원고의 속도를 내기 위한 기간이지만 탈고 과정은 원고의 완성도를 높이는 기간이다. 초고 과정에서 엉성하게 쓴 원고를 탈고 과정에서 세밀하게 검토해야 한다. 꼭지 제목의 주제와 원고 내용, 사례가 맞는지, 문맥의 흐름이 자연스러운지, 맞춤법이나 오탈자, 겹치는 내용은 없는지 등을 점검한다.

나는 탈고를 진행하기 전, 이러한 과정을 5단계로 나누었다. 초고 때처럼 데드라인을 설정하고 하루에 몇 꼭지씩 탈고할지 계획했다. 탈고계획을 달력이나 다이어리에 표시하면서 하나씩 체크하며 진행해 나갔던 것이다.

일단 탈고를 시작하면 예비저자들은 자신의 원고에 당황할 수 있다. 그래도 자신은 나름대로 썼다고 생각하지만 탈고할 때는 형편없는 초고라는 것을 느낄 것이다. 나 역시 헤밍웨이의 "모든 초고는 걸레다."라고 말한 것을 탈고를 시작하면서 깨닫게 되었다. 하지만 걱정하지 않아도 된다. 초고를 쓸 때는 보이지 않던 글이 보인다는 것은 그만큼 자신의 수준도 높아졌다는 말이다. 오히려 원고도 객관적으로 볼 수 있어 탈고를 효율적으로 할 수 있다.

물론 초고에 심혈을 기울인 사람은 탈고가 쉽게 끝날 수 있다. 하지만 초고를 빠르게 써내려갔다면 탈고는 오랫동안 공을 들이고 다듬어야 한다.

탈고하는 과정은 정말 진이 빠질 정도로 고통스럽고 힘든 일이다.
그러나 이런 탈고과정이 없다면 원고의 완성도는 기대할 수 없다.

베스트셀러는 거듭되는
수정과정을 통해 탄생한다

이제 탈고과정은 어떻게 진행되는지 살펴보기로 하겠다.

먼저 완성된 초고 40꼭지를 인쇄한 후 수정과정을 거쳐야 한다. 이는 컴퓨터 모니터에는 보이지 않지만 인쇄하면 맞춤법이나 오탈자 등을 쉽게 찾을 수 있기 때문이다. 또 책을 읽는 효과와 비슷하기 때문에 눈의 피로도 적고 한눈에 전체를 볼 수 있다. 이제 탈고를 위해 인쇄된 원고에 수정하는 부분을 빨간 펜으로 고쳐나가면 된다.

탈고 1단계는 전체의 흐름보다 각 꼭지제목의 주제에 초점을 맞추어 40꼭지를 모두 검토한다. 꼭지 제목의 주제와 원고 내용, 사례 등이 적절한지 체크하는 것이다. 누구나 마찬가지겠지만 나는 탈고

1단계가 제일 어려웠고 시간도 많이 걸렸다. 초고를 쓸 때는 제목과 어울린다고 생각했던 사례들이 있었다. 그런데 그 사례들이 탈고를 하면서 꼭지 제목의 주제와 어울리지 않고 겉도는 것을 발견했다.

사례들을 통으로 덜어내고 다시 쓰면서 수정하고 보완했다. 원고내용도 사례에 맞추어 써내려갔기에 초고를 다시 쓰는 것처럼 힘들었다. 하지만 초고 완성이라는 큰 틀이 잡혀 있었기에 그 힘으로 끝까지 밀고 나갈 수 있었다. 일단 1단계가 끝나면 큰 산을 넘은 것이다.

탈고 2단계는 초고를 읽으면서 겹치는 내용이나 사례가 있는지 확인한다. 더 좋은 내용이나 사례가 있다면 업그레이드하면서 꼭지 제목의 주제에 사례가 적합한지 점검한다. 이 과정은 원고의 완성도를 높이기 위해서 반드시 거쳐야 하는 중요한 과정이다.

탈고 3단계는 전체적으로 문맥상 흐름이 막히지 않고 자연스럽게 연결되었는지 점검한다. 독자들에게 흥미와 지적 호기심을 유발시키면서 쉽게 읽히고 이해하기 쉬운 글이어야 한다. 그런 글을 만들기 위해서는 자신의 글을 직접 낭독하면서 어색한 부분을 다듬는다. 눈으로 읽는 것보다 소리 내어 읽으면 글의 리듬감이 살아나 어색한 글을 쉽게 찾을 수 있다. 낭독은 군더더기 없이 매끄러운 글로 만드는 효과적인 방법이라고 할 수 있다.

조선일보의 박종인 기자는 《기자의 글쓰기》에서 "큰 소리든 작은 소리든 어찌 됐든 낭독 과정을 거치면 물처럼 읽히는 문장을 발견할 수 있다. 당연히 더 쉽게 읽히는 문장을 선택해야 한다."라고 말했다. 그의 말은 낭독과정을 통하면 더 쉽게 읽히는 생동감 있는 글을 쓸 수 있다는 말이다.

탈고 4단계는 업그레이드된 원고의 내용을 전반적으로 확인하는 단계이다. 예컨대 한컴오피스 한글로 원고를 집필했는지, 글자체는 바탕, 글자크기는 10~11포인트, 원고분량은 110매 정도, 맞춤법은 F8로 오탈자가 없는지 등을 점검한다.

탈고 5단계는 전체적으로 원고를 낭독하면서 원고가 자연스러운지 최종적으로 점검한다. 그런 다음 출간제안서를 작성한다.

출간제안서란 출판사에 투고할 내용으로 투고인사말이라고도 한다. 투고 인사말에 의해 계약이 되면 출판사에서는 책이 출간되기 2주~3주 전 서문이나 저자 프로필을 달라고 요청한다. 그때 미리 써놓은 서문과 프로필을 수정하고 보완해서 보내면 된다.

서문과 프로필을 5단계에서 미리 쓰는 이유는 원고 집필 뒤, 출간까지는 최소 2개월~3개월, 최대 6개월 이상 걸릴 수 있다. 인간은 망각의 동물이다. 그때까지 자신의 원고방향을 꿰뚫고 있다가 작성하기는 힘들다. 집필과정을 통해 확실히 원고를 꿰뚫고 있는 지금 작성하면 훨씬 효과적이다.

예비저자들은 반드시 이런 탈고 5단계의 과정을 거쳐야 한다. 그렇지 않다면 최선을 다했다고 말할 수 없다. 존 어빙은 "내 인생의 절반은 고쳐 쓰는 작업을 위해 존재한다."라고 말했다. 즉 더 이상 고칠 수 없을 때까지 고치라는 말이다.

탈고는 많이 하면 할수록 좋다고 하지 않았는가. 베스트셀러 작가들도 처음에는 모두 거칠고 형편없는 초고에서 시작했다. 거친 초고를 사포질로 문지르고 다듬어 옥고로 만들었기에 베스트셀러가 될 수 있었다. 당신도 베스트셀러를 꿈꾸고 있다면 거듭되는 수정과정을 거쳐야 할 것이다.

> 탈고는 많이 하면 할수록 좋다. 베스트셀러 작가들도 처음에는 모두 거칠고 형편없는 초고에서 시작했다. 거친 초고를 사포질로 문지르고 다듬어 옥고로 만들었기에 베스트셀러가 될 수 있었다.

출판사가 거절할 수 없는 출간제안서를 쓰자

탈고까지 끝났으면 출판사에 투고할 출간제안서를 작성한다. 출간제안서는 내 원고를 출판사에 설명하고 출간을 제안하는 것으로 투고인사말과 같다.

출판사와의 원고 계약을 위해 투고인사말을 작성하는 것은 중요하다. 회사에 입사하기 위해 자기소개서를 쓰는 것처럼 출판사와 계약하기 위해서는 투고인사말을 써야 한다.

회사는 자기소개서만 봐도 신뢰감을 느낄 정도면 면접을 통해 사람을 만난다. 마찬가지로 출판사도 매력적인 투고인사말을 발견한다면 원고내용도 함께 보게 된다. 만약 투고인사말이 임팩트가 없고 진부한 느낌을 준다면 편집자의 시선을 끌 수 없다. 투고인사말은 심혈을 기울여 임팩트 있게 작성해야 출판사의 마음을 움직일 수 있다.

독자들이 알기 쉽게 《진짜 인생 공부》의 출판사 투고 인사말을 공개하겠다.

투고 인사말

안녕하세요. 〈조경애 미래경영연구소〉 대표 조경애입니다.

지금까지 수많은 시련과 역경을 겪으면서 3년 동안 도서관에서 생존 독서와 생존 책 쓰기를 통해 인생이 달라졌습니다. 저의 힘들었던 인생경험과 책 쓰기로 삶이 바뀐 스토리를 담은 《나는 도서관에서 천직을 찾았다》를 투고합니다. 30대가 읽으면 좋을 자기계발서입니다.

저는 현재 직장인들의 진로와 고민 등을 상담해주는 라이프 코치로 활동하고 있습니다. 상담과 강연을 다니면서 알게 된 사람들로부터 고민이 담긴 메일을 받고 있습니다. 그들의 고민에 답해주면서 사람들이 달라지는 모습을 보았습니다. 그들과 같은 사람들을 위해 책을 써보면 어떨까라는 생각에 원고를 쓰게 되었습니다.

사람들은 각자 열심히 살고 있지만 꿈과 희망도 없이 그저 열심히만 살아가고 있습니다. 이 책은 그저 열심히만 사는 세상이 아니라 어떻게 살아야 제대로 살 수 있는지, 미래가 기대되는 인생은 어떤 것인지 알려줍니다. 수많은 시련 속에서도 꿈을 향해 도전하는 저자의 생생한 경험을 통해 용기와 희망을 주는 스토리입니다.

이 원고를 통해 '아무리 극한상황이라도 포기하지 말고 끝까지 도전해 인생을 바꿔라.'는 메시지를 전하고자 합니다.

저서로는 《관점을 바꾸면 인생이 달라진다》, 《당신의 운명을 바꾸는 보물지도》, 《되고 싶고 하고 싶고 갖고 싶은 37가지》 등이 있습니다. 원고 검토를 정중히 부탁드립니다.

조경애 드림(H.P: 010-9979-2109)

간략한 목차구성은 다음과 같습니다.

〈나는 도서관에서 천직을 찾았다〉

1장 그대는 눈부시지만 나는 눈물겹다
01 맞선 본 지 한 달만의 결혼
02 2번의 주민등록말소
…… (중략)
5장 나는 도서관에서 천직을 찾았다
01 나는 평가 절하된 우량주였다
02 책을 쓴 후 내 인생이 달라졌다
…… (중략)

투고인사말은 미리 작성한 출간계획서를 참고해서 적으면 된다.

출간계획서에서 가제, 기획의도, 저자 프로필, 타깃 독자층, 핵심 콘셉트 등을 뽑아 첨삭한다. 완성된 투고인사말은 A4용지 1장으로 한글파일에서 작성한다.

투고인사말을 작성한 다음 2~3줄 정도 띄운 후 가제와 목차까지 쓰면 A4용지 2장 정도의 분량이 된다. 그대로 복사해서 메일내용에 붙여 넣고 완성된 원고는 파일로 별도 첨부해서 메일로 발송한다.

완성된 전문을 보낸다고 원고가 유출되지 않나 걱정하는 사람도 있다. 걱정하지 않아도 된다. 메일로 투고하면 간편할 뿐만 아니라 자료가 '보낸 메시지함'에 그대로 남아 있다. 무엇보다 출판사들은 원고가 계약이 되지 않을 시에는 전량 폐기하는 것을 원칙으로 한다.

출판사에는 매일 수십 통의 원고가 들어와 쌓인다. 출판사 담당자는 그날 첨부된 원고보다 투고인사말을 먼저 읽어보게 되어 있다.

투고인사말은 출판사를 자극할 수 있도록 내 원고의 강점을 최대한 알려야 한다. 만약 원고의 강점을 제대로 알리지 못하면 원고내용이 들어 있는 첨부파일까지 읽지 않는다. 그러니 내가 왜 책을 쓰게 되었는지 기획의도를 확실히 말한다. 강의 경력이나 스펙, 차별화된 경험이 있다면 빠짐없이 적는 것이 좋다. 투고인사말이 매력적이고 임팩트 있다면 첨부된 파일을 열어보게 되어 있다.

투고인사말에 특별히 눈에 띄는 임팩트가 없으면 편집자의 시선을 끌지 못한다. 그렇지 않아도 요즘은 출판 시장이 어려워 출판사의 반응이 예전하고 많이 다르다. 출판사도 이제 확실하게 신뢰가 가지 않고서는 책으로 출간하지 않는다. 또한 원고내용이 아무리 훌륭해도 투고인사말이 엉성하고 군더더기가 많다면 신뢰를 주지 못한다. 출판사는 십중팔구는 그 원고를 읽지 않게 되고 계약도 성사되지 않을 것이다.

투고인사말은 나의 분신이 될 원고를 소개하는 것이다. 그런 만큼 확실한 자신감으로 원고의 경쟁력과 강점에 대해 설명할 수 있어야 한다. 편집자들이 거절할 수 없는 제안서가 될 수 있도록 최대한 심혈을 기울여 써야 한다. 군더더기는 없애고 편집자들이 알고 싶어하는 핵심위주로 간단명료하게 적는다.

특히 중요한 것은 절대 과장해서 적으면 안 된다. 초고를 쓸 때처럼, 탈고를 할 때처럼, 정성을 다해 공들여 쓰고 다듬어서 매력적으로 만들어야 한다. 원고가 계약이 되느냐, 그렇지 못하느냐는 바로 이 출간제안서에 달려 있는 것이다. 결국 투고인사말을 어떻게 쓰느냐에 따라 원고의 운명이 달려 있다는 것을 명심해야 한다.

회사는 자기소개서만 봐도 신뢰감을 느낄 정도면 면접을 통해 사람을 만난다. 마찬가지로 출판사도 매력적인 투고인사말을 발견한다면 원고내용도 함께 보게 된다. 만약 투고인사말이 임팩트가 없고 진부한 느낌을 준다면 편집자의 시선을 끌 수 없다.

내 원고와 계약하는 출판사는
한 군데뿐이다

"아쉽게도 본 원고는 저희 출판사의 색깔이나 방향과는 맞지 않아 반려합니다."

"저희 출판사와 출판 분야가 맞지 않아 출판할 수 없음을 알려드립니다."

출판사에 원고를 투고하지만 이런 답신 때문에 힘들어하는 사람들이 많이 있다. 원고를 투고하면 누구나 한 번쯤은 겪어보는 일이다. 부정적인 피드백이 반복될수록 좌절하게 되고 자신은 소질이 없다고 생각해 포기할 수 있다.

그러나 굴복하고 주저앉기에는 그동안 심혈을 기울여 쓴 원고가 아깝지 않은가.

베스트셀러 저자들도 이런 과정을 피해 가지 못했다. 죽을 맛이었지만 그 과정들을 극복했기에 지금의 베스트셀러 작가가 있는 것이다. 안 된다고 쉽게 좌절하고 무너지기보다 무엇이 잘못되었는지 생각하고 판단하는 것이 중요하다.

한 예비저자는 출판사에 원고를 투고했지만 계속 거절당하자 나와 상담을 신청했다. 그는 콘셉트가 좋고 원고의 형식도 제대로 갖추고 있었다. 그런데도 실패한 이유를 찾지 못했지만 상담을 통해 비로소 해답을 찾을 수 있었다. 그것은 자신의 원고 장르와 다른 출판사에 원고를 보냈기 때문이었다. 나 역시 경험했던 일로 "아쉽게도 저희가 자녀교육서, 인문교양 위주로 출간 중이라 아쉬운 말씀을 전합니다."라는 피드백을 받은 적이 있었다.

책의 장르는 소설, 에세이, 인문, 자기계발, 자녀교육 등 다양하다. 자신이 자기계발서를 집필했으면 자신의 장르와 성격이 맞는 출판사에 투고해야 한다. 그런데 자녀교육서나 인문서를 출간하는 출판사에 보낸다면 그 원고는 사양된다.

또한 원고를 투고할 때 한꺼번에 여러 곳의 출판사에 보내는 것은 지양해야 한다. 우선 2~3곳의 출판사에 투고한 후 2주일가량을 기다려야 한다. 2주일을 기다려도 답이 오지 않을 경우 원고내용을 다듬어서 다른 출판사에도 투고한다.

나는 〈갈라북스〉 출판사의 배충현 대표로부터 '출판사가 원하는 원고는 어떤 것인가.'라는 특강을 들은 적이 있다. 그는 특강에서 예비저자들 중에 수십 군데의 출판사에 원고를 보내는 사람이 있다고 했다. 그가 원고 메일을 확인하기 위해 클릭했을 때 너무 화가 났다고 말했다. 왜냐하면 그 저자는 수십 군데의 단체 메일로 투고를 했던 것이었다. 메일을 확인하는 순간 휴지통에 던져버리고 싶은 충동을 느꼈다고 말하는 그가 이해되었다.

물론 출판사도 그 원고가 자신에게만 보냈다고는 생각하지 않을 것이다. 비록 책을 출간하고 싶은 저자의 마음도 이해한다. 그래도 2~3군데 이상의 투고인사말을 보내는 것은 지양해야 한다. 내 원고와 장르가 맞지 않거나 내 원고와 출판사의 원고방향이 맞지 않는 경우, 원고를 여러 출판사에 무더기로 투고하는 경우, 투고인사말이나 제목, 목차가 엉성한 경우, 원고의 완성도가 떨어지는 경우 등은 모두 출판사의 관심을 끌지 못한다.

출판사를 유혹하고 독자들을 자극하기 위해서는 이런 전반적인 사항들을 철저하게 확인해야 한다. 가장 먼저 탈고를 통해 제목, 목차, 원고내용을 다듬어 원고의 완성도를 높여야 한다.

둘째는 출간제안서(투고인사말)을 매력적이고 임팩트 있게 작성한다. 셋째는 메일 내용에 자신의 투고인사말을 넣고 완성된 원고전문을 첨부한다. 이때 출판사를 선정하는 것은 자신이 직접 발품을 팔아야 한다. 어떤 책이든 출판사 연락처와 이메일은 적혀 있다.

따라서 자신의 장르와 같은 책의 출판사 이메일을 기재하거나 스마트폰으로 찍어 파일로 정리한다. 출판사 연락처를 많이 확보하면 자신의 검정능력을 받을 수 있는 곳이 많아서 좋다. 하지만 여러 출판사에 한꺼번에 원고투고를 해서는 안 된다. 위에서도 말했듯이 처음에는 2~3군데만 우선적으로 투고한 뒤 연락이 없다면 원고를 다시 다듬어 투고해야 한다.

여기서 많은 사람들이 대형출판사에 투고하면 무조건 책이 잘 팔린다고 생각한다. 어떤 예비저자는 중소형출판사에서 러브콜이 왔지만 대형출판사를 기다리다 중소형출판사까지 놓치는 경우도 있다. 또 다른 예비저자는 중소형출판사와 계약이 되었음에도 취소하고 대형출판사로 갈아타기도 한다. 그러면 대형출판사에서 출간하면 무조건 베스트셀러 되느냐 하는 것이다. 한마디로 말하면 반드시 그렇지는 않다.

필자의 지인은 원고투고 후 중소형출판사에서 상당히 좋은 조건으로 러브콜이 왔지만 거절했다. 대형출판사에서 러브콜이 올 것이라고 생각했지만 끝내 오지 않았다. 그렇다고 이미 지나간 중소형출판사에 다시 연락할 수는 없었다. 어쩔 수 없이 그녀는 제목과 원고를 다듬어서 다시 투고를 하게 되었다.

내가 말하고 싶은 것은 중소형 출판사라고 나쁘고 대형출판사라고 무조건 좋은 것도 아니라는 것이다. 물론 대형출판사와 계약하면 좋은 점이 많이 있다. 브랜드 인지도가 높고 자금력이 좋아 위기대처능력이 빠르다. 홍보와 마케팅 시스템도 잘되어 있어 다음 책 출간하기에도 유리하다. 더구나 중요한 인세 지급 날짜를 정확하게 지키는 이점이 있어 신인작가에게는 아주 매력적이다.

하지만 대형 출판사는 많은 책을 출간하기에 자신의 책은 유명저자의 책에 묻혀 버릴 수 있다. 출간시기도 오래 걸리고 자신의 의견보다 출판사의 의견에 끌려갈 확률이 많다. 유명저자 위주의 홍보나 마케팅이 이루어져 자신의 책이 밀려나기도 한다.

반대로 중소형 출판사는 출간시기가 빠르다. 대형출판사에 비해 출간하는 책의 권수가 적어 내 책에 대한 홍보와 마케팅에 집중할 수 있다. 저자의 의견이 비교적 많이 반영되고 홍보와 마케팅에 대한 피드백도 빠르다. 책 출간 후에도 출판사의 다른 기획 집필 제안을 받을 수도 있다.

그러나 출판사의 브랜드 인지도가 낮아 온라인 서점 노출이 어려운 점이 있다. 홍보와 마케팅을 적은 비용으로 할 수 있는 인터넷 등을 위주로 펼친다. 인세 지급 날짜 또한 부정확한 것이 단점이다.

이처럼 대형출판사나 중소형출판사도 모두 장단점을 가지고 있다. 무조건 대형출판사만 찾을 것이 아니라 내 원고와 맞는 출판사를 찾는 것이 중요하다. 원고의 콘셉트와 출판사의 방향이 맞고 출간 타이밍도 함께 어우러질 때 비로소 베스트셀러로 탄생할 수 있는 것이다.

참고로 원고투고 후, 이어지는 출판사의 부정적인 답변은 예비저자들을 좌절하게도 한다. 그 과정에서 더러는 출판사의 벽에 한계를 느끼며 책 쓰기를 접는 사람도 있다. 그러나 절대 여기서 포기해서는 안 된다. 사람과 사람 사이에는 인연이 있듯이 출판사도 나와 맞는 곳이 반드시 있기 마련이다. 좋은 콘셉트에 완성도 있는 원고라면 나와 맞는 출판사는 나오게 되어 있다. 거부당했다고 낙담할 시간에 내 원고를 한 번 더 다듬고 보완하자.

《폰더 씨의 위대한 하루》의 저자 앤디 앤드루스는 〈뉴욕타임스〉 베스트셀러 목록에도 오른 세계적인 베스트셀러 작가다. 하지만 그는 이 책을 내기 위해 3년 동안 51군데의 출판사로부터 거절을 당했다. 《영혼을 위한 닭고기 수프》의 저자 잭 캔필드와 마크 빅터 한센도 이 책을 출간하기 전 수백 번의 거절을 당하는 시련을 겪었다.

이처럼 세계적으로 유명한 베스트셀러 저자들도 처음에는 순탄하지 않았다. 그럼에도 불구하고 그들이 유명할 수 있었던 것은 그들의 원고와 맞는 출판사를 찾았기 때문이다. 어느 출판사와 계약을 하든지 내게 맞는 출판사는 반드시 있다는 신념을 가져야 한다. 아무리 많은 출판사에서 러브콜이 쏟아지더라도 그 출판사들과 모두 계약할 수 없는 일이다. 여러 곳에서 러브콜이 쏟아지든, 노심초사 기다리다 겨우 연락이 오든 결국 내 원고와 계약하는 출판사는 한 군데뿐이다.

대형출판사나 중소형출판사도 모두 장단점을 가지고 있다. 무조건 대형출판사만 찾을 것이 아니라 내 원고와 맞는 출판사를 찾는 것이 중요하다.

7

나만의 원칙을 세워 당당하게 계약하자

과거와는 달리 현재는 일반인들까지 책 쓰기 열풍이 불어 출판사에 투고하는 원고가 많아졌다. 그래서인지 하루가 다르게 수많은 신간들이 쏟아지고 있다. 이에 반해 독자들의 구매력은 도서정가제의 영향으로 현저하게 줄어들었다. 공급은 많아지고 수요는 적어지자 자연히 출판 경기는 얼어붙게 되었다.

심지어 출판도매업계 2위인 송인서적의 부도까지 겹치면서 출판계는 충격을 받았다. 송인서적과 거래하던 전국 중소 출판사 2천여 곳에서 동시다발적으로 피해가 속출했다. 정부와 각계 단체에서 지원 방안을 모색하고 있지만 여전히 출판 시장의 상황은 좋지 않다. 이런 불경기 속에 원고를 투고해야 하기에 출판사의 반응도 상당히 신중해졌다.

이제는 국내 출판시장의 악화로 자신만의 차별화된 콘셉트가 없다면 출판은 힘들어진다. 그러나 자신만의 콘셉트로 원고의 완성도가 높다면 출판사는 러브콜을 보내게 되어 있다. 필자의 지인도 원고를 투고하자마자 러브콜이 왔다. 또 다른 지인은 직접 찾아오겠다고 말하는 출판사도 있었다. 아무리 출판업계가 불황이라고 해도 출판사와 맞는 원고라면 즉각 전화를 하거나 문자, 메일을 보낸다.

이는, 좋은 원고는 다른 출판사도 당연히 러브콜을 보낼 것이라고 생각하기 때문이다. 그래서 저자의 원고를 놓치지 않기 위해 계약서를 보내거나 직접 찾아오기도 한다.

"기본적으로 투고원고에 대해서 여러 팀이 일독하고, 의견을 정리하는지라 검토하는 데에 한 달 정도의 시간이 걸립니다. 빠른 시일 내에 답변을 받고 싶어 하실 것은 잘 알지만, 출간을 결정하기까지 많은 논의와 고민을 거치게 됩니다. 출판사의 상황을 양해해주시면 진심으로 감사하겠습니다."

위의 경우처럼 대부분의 출판사들은 투고하면 빠르면 1~2주, 늦어도 한 달 내에 검토한다. 대체적으로 중소형출판사들이 빠르게 연락하는 편이다. 그러다 보니 좋은 원고는 중소형출판사에서 먼저 가져갈 확률이 많다. 얼마 전 한 예비저자는 대형출판사와 계약을 원했지만 중소형 출판사에서만 연락이 왔다.

상당히 좋은 조건이라 계약을 하고 한창 출간작업이 진행 중에 있었다. 뒤늦게 대형출판사에서 연락이 왔다. 대형출판사에서는 서로 회의를 하고 의견일치를 본 뒤, 연락을 하는 바람에 늦었다고 말했다. 그러나 이미 버스는 지나가 버린 뒤였다. 이런 일이 비일비재하니 대형출판사도 발 빠르게 움직이고 있다. 대형출판사도 자신의 출판사와 같은 방향의 성격이나 매력적인 원고가 들어왔을 때는 놓치지 않는다.

나는 출판사로부터 러브콜도 받았지만 거절도 많이 당했다. 출판사의 "본 원고를 긍정적으로 검토하고 연락드리겠습니다."라는 말에 무작정 기다린 적도 많았다. 물론 저자가 한 출판사에만 원고를 투고하지 않는다. 그 사실을 모르는 출판사는 없다. 그렇기에 정말 자신들이 원하는 원고를 발견하면 바로 연락을 취하는 경우가 대부분이다.

위의 문구와 함께 1~2주 기다려도 답이 없을 경우에는 거절한 것으로 간주해야 한다. 하지만 예비저자는 처음 겪는 일이라 그대로 받아들여 무작정 기다리기만 한다. 그런 답변을 한 번, 두 번 계속해서 받게 되면 출판사의 벽에 한계를 느껴 좌절하기도 한다.

출판계약은 인간관계가 아니라 저자와 출판사와의 계약관계로 이루어진 철저한 비즈니스다. 지금은 내 원고와 맞아 좋은 관계를 유지할 수 있다. 하지만 사람이 하는 일이기에 언제, 무슨 일이 일어날지는 알 수 없다.

계약을 할 때는 꼼꼼하게 살펴보고 명확하게 판단해야 한다. 계약한 후 자신이 만족스럽지 못한 계약을 한다면 저자와 출판사의 관계는 불편해질 수밖에 없다. 이런 불편한 관계가 지속되면 계약파기까지 갈 수 있다.

한 지인도 계약은 했지만 출판사에서 차일피일 출간기일을 미루었다. 불안을 느낀 그녀는 나에게 계약에 관해 여러 가지 질문하고 조언을 구했다. 결국 그녀는 계약을 파기하게 되었고 뒤늦게 다른 출판사와 계약을 맺었다. 다행히 좋은 출판사를 만나 자신의 분신인 저서를 탄생시킬 수 있었다. 아쉬운 것은 그녀가 처음부터 명확하게 계약했다면 그 아까운 시간을 낭비하며 애태우지도 않았을 것이다.

예비저자들은 계약도 처음이고 출판 시장도 잘 모르기 때문에 실수할 수 있다. 그런 때는 책을 출간한 경험이 있는 사람에게 조언을 구해야 한다. 만약 당신 주변에 그런 사람이 없다고 걱정할 필요 없다. 이 책에는 책 쓰기뿐만 아니라 초고 집필부터 완성, 출판하기까지의 과정이 모두 담겨 있다. 이 책만 제대로 공부해도 당신은 책 쓰기에 상당한 자신감을 얻을 것이다.

다음은 출판사와 계약하기 위한 4가지의 기본원칙이다.

첫째, 출간 시기
둘째, 인세(선인세, 잔여인세)
셋째, 저자 증정 부수
넷째, 원고 수정 범위

계약을 할 때 가장 중요한 것은 출간 시기다. 아무리 좋은 조건이라도 출간 시기가 너무 늦으면 다시 생각해야 한다. 무작정 출판사 일정에 끌려가기보다 내가 원하는 날짜와 조율할 수 있어야 한다. 출간 시기는 보통 2~3개월, 늦어도 3~6개월이다. 대형출판사의 경우 6개월에서 1년이 걸릴 수도 있다. 심하면 유명저자들에 의해 자신의 책이 밀려 1년 넘게 걸리는 경우도 있다.

다음은 인세다. 인세 수입은 많은 사람들이 가장 궁금해하는 부분이다. 기성작가들의 인세는 보통 10% 정도이고, 신인작가의 경우는 6~8% 정도에서 이루어진다.

일단 인세를 10%로 가정하고 책의 정가를 1만 5천 원이라고 설정한 뒤, 1,000부를 발행했다고 가정해보자. 그러면 한 권당 인세비는 1,500원으로 총 인세는 150만 원이다. 이 금액에서 선인세(계약금)를 뺀 나머지 금액을 책 출간 후 통장으로 지급받는다.

선인세(계약금)는 50~100만 원이지만 보통 100만 원 정도 받는다. 원고의 완성도가 높으면 더 많은 금액을 받을 수 있다. 선인세(계약금)는 말 그대로 어차피 받는 인세 중에서 미리 받는 인세라는 개념이다. 다른 조건이 좋다면 선인세가 적어도 계약을 하는 것이 좋다. 잔여인세 지급 기간도 언제인지 확실히 짚고 넘어가는 것이 바람직하다.

저자 증정 부수는 출판사에 따라 조금씩 다르지만 보통 10부에서 20부 정도다. 홍보용으로 어필만 잘한다면 더 받을 수도 있다.

마지막으로 원고의 수정 범위에 대해서 확실하게 해야 한다. 출판사가 요구하는 수정 범위가 너무 많으면 원고가 완전히 바뀌게 된다. 이 점을 확실하게 짚고 넘어가지 않으면 출간하기 전까지 원고 수정에 매달려야 할 것이다.

지인 중 한 사람은 처음으로 대형출판사와 계약을 체결해서 축하를 해주었다. 그런데 1년이 지날 때까지 출간소식이 없었다. 대형출판사라고 늦어진다고 생각했기에 "그럼 1년 동안 다른 책도 많이 쓰셨겠네요?" 하고 물었다. 그랬더니 펄쩍 뛰면서 "1년 동안 그 원고 수정 때문에 다른 것은 아무것도 할 수 없었어요. 제가 주장하는 것이 하나도 받아들여지지 않았어요. 출판사에서 요구하는 사항만 따라가느라 정신 없었습니다." 하고 답하는 것이었다.

결국 그녀는 대형출판사에 계약되었다는 기쁨도 잠시였다. 자신의 의견보다 오직 출판사의 요구대로 끌려갔던 것이다. 그 결과 자신의 의도와는 완전히 다른 원고로 바뀌어 버렸다.

이러한 실수를 범하지 않기 위해서는 그저 출판사에 끌려가는 계약을 해서는 안 된다. 계약하기 전 출판사와의 계약서를 면밀히 살피고 위의 조건들을 철저하게 확인해야 한다. 모르는 사항이 있다면 전문가의 도움을 받는 것도 좋은 방법이다. 하지만 계약은 결국 자신이 하는 것이다. 자신의 의사를 명확하게 반영할 수 있는 주도적인 행동을 하는 것이 필요하다. 그러기 위해서는 나만의 원칙을 세워 당당하게 계약하는 것을 잊지 말자.

출판사와 계약하기 위한 4가지의 기본원칙

첫째, 출간 시기
둘째, 인세(선인세, 잔여인세)
셋째, 저자 증정 부수
넷째, 원고 수정 범위

5장

책 쓰기는
삶의 완성이다

생존 독서에서 생존 책 쓰기로
업그레이드하자

누구나 가슴속에는 자신의 저서를 가지고 싶어 하는 바람이 있다. 그래서 언젠가는 책을 쓰겠지만 지금은 아니라고 말하는 사람들이 많이 있는 것이다. 어떤 사람들은 죽기 전에 자서전이라도 한 권 쓰고 싶어 한다. 그런데 이런 바람은 사람들에게 그저 바람으로 끝나는 경우가 대부분이다.

그 이유로는 첫째, 절실하지 않기 때문이다. 절실하지 않다는 것은 해도 그만, 안 해도 그만이라는 말이다. 다시 말하면 지금 당장 내가 책을 쓰지 않아도 밥걱정은 하지 않아도 된다는 것이다. 그래서 지금 당장은 아니지만 언젠가는 쓰려고 한다. 그러나 그 언젠가는 오지 않을 것이다. 이런 사람들은 지금 당장 시작하더라도 주위의 반대에 부딪히거나 힘든 일이 생기면 쉽게 포기하기 마련이다.

둘째, 책을 쓰는 방법을 모르거나 원고를 쓰는 습관이 되어 있지 않기 때문이다. 책은 누구나 쓸 수 있지만 책 쓰는 방법을 모르면 쓰기가 어렵다. 그런데 이런 사람도 책 쓰는 스킬과 습관을 몸에 익힌다면 가능하다. 처음에 나 역시 아무것도 몰랐지만 이런 과정을 통해서 책을 쓸 수 있었다.

과거의 나는 한순간의 잘못된 판단으로 수많은 좌절과 절망의 시간들을 보냈다. 아무리 노력을 해도 나아지기는커녕 점점 더 힘들고 고통스러울 뿐이었다. 과거의 잘못된 실수로 현실은 끝없는 방황의 연속이었고 미래는 암울한 어둠뿐이었다. 살기 위해 몸부림을 쳤지만 매번 발목 잡혀 넘어지는 것은 나 자신이었다. 끝없는 상처와 고통뿐인 인생을 살다 보니 삶에 대한 의욕마저 잃어버렸다. 모든 것을 포기하려고 했을 때 내면 깊은 곳에서 살려달라는 외침소리가 들렸다. 절박한 외침소리는 불가능을 가능하게 만들어 주는 기회가 되었다.

나도 살아 숨 쉬고 가슴이 뛰는 인생을 살고 싶어 그 소리를 외면할 수 없었다. 그 기회를 잡기 위해 모든 것을 내려놓고 본연의 모습을 찾기 위해 노력했다.

그러자 나를 불행하게 만든 것은 결국 나 자신이었다는 것을 깨닫게 되었다. 나의 무지로 인해 선택한 인생은 시간이 흐를수록 큰 재앙으로 다가왔던 것이다. 그 재앙을 극복하기 위해서 수많은 세월을 고통 속에 인내하며 처절하게 노력했다. 그런 피나는 노력이 있었기에 그 불운에서 빠져 나올 수 있었다. 그리고 인생의 방향을 바로 잡기 위해 책을 멘토로 삼으면서 나의 길을 개척해 나갔다. 책은 불행했던 나의 과거를 벗어나게 해주는 인생의 돌파구였고 유일한 희망이었다.

이런 나의 마음을 나타내듯이 하루라도 책을 읽지 않으면 갈증을 만난 듯 참을 수 없었다. 도서관으로 향하는 내 마음은 마치 애인이라도 만나는 것처럼 가슴이 설레고 들떠 있었다. 도서관에 있을 때는 진시황제도 부럽지 않았다. 수천, 수만 권의 책들이 아름다운 자태를 뽐내며 자신을 선택해 달라고 나를 유혹했다. 특히 그윽한 책의 향기에 이끌려 마치 귀비를 선택하듯 책에 취해 욕망을 불태우기도 했다. 도서관을 나설 때는 애인으로부터 받은 사랑으로 흠뻑 젖어 있었다.

독서를 통해 필요한 양식을 얻은 내 영혼은 뿌듯한 마음으로 충만된 것처럼 행복감을 느꼈다. 몸에 좋은 음식은 육체를 튼튼하게 해주듯이 독서는 영혼을 맑고 건강하게 만들어 주었다. 시간이 흐르면서 지식은 채워지기 시작했고 의식도 확장되면서 영혼이 풍요로워졌다. 그동안 읽은 책들이 나의 영혼에 서서히 축적되어 나가고 있었던 것이다.

매일 책을 읽고 저자들과 데이트할 수 있다는 사실에 기쁘고 행복했다. 그런 세월을 보내던 어느 날 읽었던 책이 생각이 나지 않았다. 그때까지 책을 무조건 읽기만 했지 내 생각이나 느낌을 적지 않았던 것이다. 인간은 망각의 동물이다. 금방 읽었던 책도 생각이 나지 않는 경우가 있다. 하물며 몇 달 전, 몇 년 전에 읽은 책을 기억하지 못하는 것은 당연하다. 그렇기에 책을 읽을 때에는 메모하는 습관이 중요하다는 것을 깨달았다. 다산 정약용은 메모의 중요성에 대해 다음과 같이 말했다.

"부지런히 메모하라. 쉬지 말고 적어라. 기억은 흐려지고 생각은 사라진다. 머리를 믿지 말고 손을 믿어라. 메모는 생각의 실마리다. 메모가 있어야 기억이 복원된다. 습관처럼 적고 본능적으로 기록해라."

책은 읽는 데서 그치는 것이 아니라 자신의 생각과 느낌을 기록해야 한다. 읽은 내용이 기억나지 않는다는 것은 읽지 않았다는 것과 마찬가지다. 만약 자신의 생각과 느낌을 기록해 두었다면 그 메모를 보는 순간 처음 책을 읽었을 때의 느낌이 살아난다. 그러니 메모하는 습관을 가져야 한다.

아무리 많은 책을 읽어도 자신의 생각과 느낌을 적지 않았다면 소용없다. 사람들은 자신이 기록하고 모은 내용들을 수정하고 보완해서 책으로 만들기도 한다. 최근에는 블로그에 자신이 올린 글을 묶어서 책으로 출간하는 경우가 많이 있다. 이제는 무조건 읽기만 하는 독서가 아니라 평소에 메모하는 습관을 길러야 한다. 그 습관이 자신을 저자로 만들 수 있는 기회가 될 수 있다. 한 권의 책을 읽더라도 반드시 메모하자. 틈틈이 읽고 기록한 한 권의 책이 만 권의 책을 읽는 것보다 훨씬 더 가치 있다.

　한 지인은 한때 엄청난 열정을 가진 동기부여가다. 그는 자기계발 책은 읽지 않은 책이 없을 정도로 독서광이었다. 동기부여가로서 많은 사람들에게 강연하며 메신저의 역할을 아낌없이 나누었던 사람이다. 당시만 해도 전혀 책을 읽지 않았던 나는 그와 대화하는 것에 자신이 없었다. 지식과 지혜가 부족해 루저와 같은 생활을 반복했기에 그의 수준에 미치지 못했다.

　그런 그의 뜨거운 열정이 10년 정도 지나자 언제 그랬느냐는 듯이 사라져 버렸다. 지금은 그렇게 많던 강연도 사라지고, 자신이 읽었던 책조차도 거의 기억나지 않는다고 했다. 그는 왜 이렇게 되었을까? 그 이유는 바로 책을 쓰지 않았기 때문이다. 저서가 없기에 콘텐츠가 고갈되면서 강연도 이어가지 못했고 어느 시점에서 한계를 느꼈던 것이다. 물론 바쁜 직장생활로 매일 힘든 일상 속에 책을 쓴다는 것은 쉬운 일이 아니다.

　하지만 그럼에도 불구하고 책을 썼어야 했다. 책을 읽으면 의식이 바뀔 수 있지만 인생이 바뀌지는 않는다. 책을 써야 자신을 알리고 전문가로 인정받아 비범한 사람으로 인생을 바꿀 수 있다. 힘든 직장생활이 아닌 자신이 좋아하는 일을 하며 가슴 뛰는 행복한 삶을 사는 것이다. 하지만 그는 책을 쓰지 않았기에 계속해서 강연이 이어지지 않았다. 그러자 열정도 식어지면서 책 쓰기는커녕 독서조차 힘들어졌다. 그러자 이제는 자신이 읽었던 책조차 기억하지 못하는 것이다.

그렇다면 책을 쓰지 못했던 이유는 무엇 때문이었을까? 그의 활발한 활동을 보고 주위에서 책을 쓰라고 권하는 사람들도 있었다. 그때마다 그의 대답은 책을 쓸 준비가 되어 있지 않다고 말했다.

나 역시 몇 년 전까지만 하더라도 그와 마찬가지였다. 수많은 책을 읽고서도 준비가 되지 않았다고 말을 하는 그를 보면 안타까운 생각이 들었다. 그는 책 쓰기에 대한 방법을 몰랐기에 두려웠던 것이었다. 책을 쓰는 것도 하나의 방법이고 스킬이다. 이러한 스킬을 배우고 과정을 거치면 누구나 쓸 수 있는 것이 책이다.

나는 이러한 과정을 거쳤기에 과거에 대단해 보였던 그보다 먼저 책을 쓰게 되었다. 아무것도 모르던 내가 책을 출간하자 그도 책 쓰는 방법을 배우기 시작했다. 지금은 멘토와 멘티의 자리가 바뀌었다고 사람들이 웃으면서 말한다. 그도 지금은 직장생활을 하면서 틈틈이 책을 쓰고 있다. 그가 책을 써서 예전의 왕성하게 활동하던 모습으로 돌아갈 날을 생각하니 가슴이 흐뭇해진다.

지인을 보면 알 수 있듯이 독서만으로는 인생이 달라지지 않는다. 물론 조금의 변화는 있을 것이다. 독서로 지식과 지혜를 배울 수 있고 저자들의 성공스토리로 자신의 꿈을 설정할 수 있다. 나아가 독서를 통해 사고의식이 바뀌고 확장되면서 인간관계도 좋아지는 경험을 하기도 한다. 그러나 독서는 책 쓰기에 비하면 아주 작은 변화에 불과하다. 책을 쓰면 어제와는 완전히 새로운 인생으로 살 수 있다. 따라서 소비행위인 생존독서에 머무르지 말고 창조행위인 생존 책 쓰기로 업그레이드하자.

소비행위인 생존 독서에서 머물러서는 안 된다. 이제는 창조 행위인 생존 책 쓰기로 업그레이드해야 인생역전을 만들 수 있다.

저서는 가장 확실한 은퇴자본이다

대부분의 직장인들은 은퇴 이후의 삶을 두려워한다. 대한민국에서의 은퇴는 곧 경제적 능력이 추락한다는 것을 의미한다. 정년퇴직이든, 명예퇴직이든 은퇴와 동시에 경제적 능력이 현저히 떨어져 생활에 막대한 지장을 초래하게 된다.

더구나 선진국처럼 사회보장이 제대로 되지 않아 준비되지 않은 은퇴는 재앙이라고 할 수 있다. 특히 정년퇴직이 되기 전 갑자기 구조조정을 당한 경우는 앞으로 살아갈 일이 막막하다. 당장 최소한의 생계를 유지할 수 있는 생활비나 자녀들의 교육비, 아파트 대출금도 갚아야 한다. 그동안 직장생활을 하며 누릴 수 있었던 여가생활도 대부분 포기해야 한다.

많은 사람들은 정년퇴직까지 어떻게든 살아남는 것이 가족을 위하는 길이라고 생각한다. 하지만 회사는 그때까지 구성원을 지켜주지 않는다. 회사가 위험하다고 생각되면 언제든 내쳐지는 것이 구성원의 운명이다.

우리 주위에도 많은 직장인들이 구조조정을 당하는 경우를 쉽게 볼 수 있다.

대기업의 부장으로 근무하는 L은 명예퇴직을 권고받았다.

"20여 년 동안 회사에 충성하며 휴가도 제대로 간 적 없습니다. 회사를 위해 매일 야근과 출장으로 헌신했고, 몸이 아파도 결근 한 번 하지 않았습니다. 그동안 회사에 올인하며 죽으라면 죽는 시늉까지 했습니다. 그 공이 인정되어 일찍 승진이 되었다고 믿었죠. 하지만 거기까지였습니다. 그 이후 계속 승진에서 밀리더니 결국 명예퇴직까지 당하고 말았습니다. '내가 이러려고 그동안 회사에 몸 바쳐 일했나?'라는 생각에 가슴을 치며 후회했습니다. 내 청춘을 오로지 회사에 바쳤기에 퇴직하면 할 수 있는 것이 아무것도 없습니다. 이렇게 쫓겨날 줄 알았으면 아까운 청춘을 바치지 않았을 것입니다. 쉰을 바라보는 나이에 마땅히 들어갈 곳도 없고 오라는 곳도 없습니다. 이제 퇴직금 받으면 조그마한 카페라도 하나 시작하려고 생각합니다."

위의 L과 같이 회사가 영원할 것처럼 충성하다가 하루아침에 직장을 잃는 사람들이 늘어나고 있다. 그들은 회사에 목매고 올인하느라 자신만의 무기를 갖추는 사람이 거의 없었다. L도 자신의 미래를 생각했다면 현직에 있을 때 자신의 비밀병기 하나쯤은 만들었어야 했다. 그러면 퇴직과 동시에 자신의 난관을 충분히 극복했을 것이다.

L은 이런 준비를 하지 못한 채 명예퇴직을 당했다. 회사를 원망하고 자신을 비관만 하고 있다가 퇴직금이 나오면 창업을 하겠다고 말한다. 창업은 과연 그의 말처럼 쉬운 것일까? 그렇지 않다. 창업은 취업보다 더 신중해야 한다.

요즘은 하루가 다르게 생기는 것이 고깃집, 치킨집, 피자집, 제과점, 카페체인점이다. 여기에 김영란법까지 생기면서 소비심리마저 위축되었다. 최근에는 조류인플루엔자AI까지 발생해 급속하게 번지더니 닭과 오리의 폐사 처분량이 3천만 마리를 넘었다. 그로 인해 닭과 오리는 물론이고 계란까지 동이 나며 외식업계는 비상이 걸렸다. 이런 마당에 창업을 한다는 것은 '섶을 지고 불에 들어가는 것'이나 마찬가지다.

사실 은퇴 후 준비 없이 시작한 창업은 내일 망한다고 해도 별로 이상하지 않다. 계획 없이 창업에 뛰어드는 사람들은 멀리 보지 않고 당장의 생계를 위해 시작하는 사람이 대부분이다. 급하게 뛰어드는 만큼 창업을 준비하는 시간이 얼마 되지 않는다.

'돌다리도 두들겨보고 건너야 한다.'는 말이 있다. 하물며 계획 없이 창업을 시작하는 사람들에게 현실은 그렇게 녹록치 않다. 창업을 시작하고자 한다면 밥벌이를 하고 있을 때 미리 준비해야 한다.

그렇지 않다면 창업을 해서 실패할 가능성이 매우 높다.

경기불황이 심해지면서 퇴직자의 연령은 낮아지는 데 반해 평균 수명은 점점 늘어나고 있다. 이제는 80세도 늙은 층에 들지 못하는 100세 시대에 살게 되었다. 그런데 아직까지 현업에 충실하면 정년 퇴직할 수 있다고 생각하는 사람들이 많다.

대한민국의 경제는 저성장시대로 상시 구조조정체계로 접어들었다. 회사원의 법정연령은 60세이지만 실제 은퇴하는 연령은 50세를 갓 넘기고 있다. 그리하여 60세의 법정연령은 사실 그림의 떡이나 마찬가지다.

사람들 사이에 '은퇴 크레바스'라는 말이 많이 사용되고 있다. 이는 정년을 채우지 못하고 은퇴하면 월급이 끊긴 상황에서 연금을 바로 받을 수 없다는 말이다. 즉 은퇴 후 연금을 받기 전까지의 소득 공백기를 '은퇴 크레바스'라고 한다. 현재 국민연금의 재원 고갈로 당초 60세에 지급되는 연금 지급개시 연령이 최장 65세까지로 연장되었다.

이를 살펴보면 1952년생까지 60세, 53~56년생은 61세, 57~60년생은 62세, 61~64년생은 63세, 65~68년생은 64세, 69년생 이후부터는 65세에 지급된다. 현실적으로 평균 50세에 은퇴하면 거의 10년이 넘는 세월을 국민연금 없이 살아야 한다. 이는 준비되어 있지 않은 노후는 재앙이 될 수 있다는 것을 여실히 보여준다. 이제 은퇴 이후의 인생을 어떻게 준비하는지에 따라 우리의 남은 인생도 좌우되는 것이다.

얼마 전 특강을 마치고 고민하던 K는 나에게 상담을 요청했다.

"코치님, 저는 회사에서 야근과 출장이 잦은 데 비해 그만큼의 보상이 주어지는 것도 아닙니다. 조직생활에서 오는 피로와 스트레스가 쌓여 건강이 나빠지고 있다는 생각이 듭니다. 은퇴는 몇 년 남아 있지만 이제 제 인생을 살아야겠습니다. 저도 책을 쓰면 인생을 바꿀 수 있겠지요?"

나는 그에게 이렇게 조언했다.

"책 쓰기야말로 선생님의 꿈을 실현시키고 인생 2막을 책임질 확실한 은퇴자본입니다. 하지만 직장은 그만두지 마세요. 직장이 있어야 수입이 있고 미래도 준비할 수 있습니다. 그렇지 않고 퇴직부터 한다면 생활고에 시달려 준비하기 어렵습니다. 지금 현직에 계실 때 책을 써서 은퇴를 준비하시면 됩니다."

은퇴 후의 인생은 은퇴한 후가 아니라 지금 현직에 있을 때 준비해야 하는 것이다. 그런데 직장을 그만두거나 쫓겨난 후에 준비하려고 하는 사람들이 많이 있다. 물론 직장을 다니지 않고 책 쓰기에만 올인할 수 있다면 그 효과는 빨리 나타날 수 있다. 그런데 앞으로의 생활비와 아파트 대출금, 아이들 등록금과 학원비 등은 모두 어떻게 감당할 것인가?

고정적으로 들어오는 수입이 끊기면 가정의 불화가 생길 수 있다. 경제적 능력이 현저하게 떨어지니 남편으로서, 아빠로서의 역할도 못 하게 된다. 자연히 이런 고통스러운 상황에서 책을 쓴다는 것은 거의 불가능한 일이다.

회사에 다니고 있는 지금, 책을 써서 은퇴 후의 준비를 해야 하는 것이다. 이런 준비가 철저하게 되어 있다면 은퇴 후의 생활은 두렵지 않다. 오히려 내가 좋아하는 일을 할 수 있어 위기를 기회로 만들 수 있다. 그러니 은퇴준비는 빠르면 빠를수록 좋은 것이다.

최근에는 은퇴자들을 대상으로 하는 자서전 쓰기가 열풍이다. 자서전은 자신의 삶을 정리하면서 쓸 수 있어 진정한 삶의 의미를 찾을 수 있다. 따라서 당신이 쓰고 있는 저서 한 권이 가장 든든한 은퇴자본이 되는 것을 기억해야 한다.

책 쓰기야말로 꿈을 실현시키고 인생 2막을 책임질 확실한 은퇴자본이다. 책이 출간되면 강연요청이나 칼럼기고를 통해 평생 현역으로 살 수 있는 기틀을 마련할 수 있다. 따라서 더 이상 망설이지 말고 지금 현직에 있을 때 책 쓰기에 도전해야 한다.

인생이 눈부시게 달라지는 책 쓰기

"책을 쓰니 주위의 시선이 바뀌고 삶이 달라졌어요."
"남의 일로만 여겼던 꿈같은 일이 제게도 일어났어요."

　초보저자들이 책 출간 뒤에 앞 다투어 하는 말이다. 그들은 책을 쓰기 전과 책을 쓰고 나서 달라지는 환경에 대해 흥분하며 들뜬 마음을 감추지 못했다. 자신의 모습은 그대로인데 주위의 시선과 대우는 완전히 달라졌다는 것이다. 이는 책 쓰기 전까지는 평범한 사람이었지만 책 출간과 동시에 작가라는 위치로 신분이 상승되었기 때문이다.

　저자가 어떤 사람이든 책을 쓰면 그 분야의 전문가로 인정받는다. 자연히 그에 맞는 시선과 대우가 달라진다. 더구나 그 책이 베스트셀러까지 된다면 유명저자가 되어 부와 명예가 따라오는 것은 시간 문제다. 그래서 사람들이 '책을 써서 베스트셀러가 된다면 많은 돈을 벌 수 있겠다.'는 생각을 한다. 실제로 상담을 하다 보면 책을 쓰기도 전에 인세부터 먼저 묻는 사람들이 많이 있다.

책을 쓴다고 모두 베스트셀러가 되는 것은 아니다. 물론 책을 쓴후 베스트셀러가 되어 많은 인세를 받는다면 그보다 더 좋은 일이 없다. 하지만 이것은 이차적인 문제다. 인세에 연연해 책 쓰기의 본질을 가려서는 안 된다. 사람은 누구나 자신만이 가지고 있는 소중한 경험과 생각이나 가치, 철학, 신념 등이 있다. 이런 메시지들이 충분히 책 속에 스며들어 독자들에게 깊은 공감을 끌어내야 한다. 그래야 완성도가 높은 책으로 독자들의 사랑을 받을 수 있다. 당연히 돈과 명예는 따라올 것이다.

이런 것들을 등한시하고 인세만 집중한다면 책 쓰기의 본질이 흐려지고 내용에 충실하기보다 껍데기에만 치중하는 책으로 전락하게 된다.

이런 책은 집필 과정에서 힘들 뿐만 아니라 책이 출간되어도 독자들로부터 외면받는다. 중요한 것은 저자의 마음이 그대로 담겨 있는 진정성 있는 메시지를 담는 것이다.

《스물아홉 생일, 1년 후 죽기로 결심했다》의 저자 하야마 아마리, 그녀는 1년 동안 자신이 치열하게 살아온 이야기를 책으로 출간했다. 사실 그녀는 스물아홉 생일을 맞이하여 자신이 하고 싶은 일은 실컷 해보고 죽기로 결심한 사람이었다. 이 책은 그녀의 1년간의 경험들을 그대로 기록한 것이다.

　그녀의 삶은 한마디로 은둔형 외톨이었다. 변변한 직장도 없고 못생긴 데다 뚱뚱한 몸매에 실연까지 당했다. 자살까지 결심했지만 죽을 용기마저 없었다. 살아갈 용기도, 죽을 용기도 없는 그녀에게 미국의 라스베이거스가 TV 화면에 비쳤다. 그것은 난생처음 느껴보는 전율이었다. 그 순간 1년 뒤 오늘, 라스베이거스에서 최고로 멋진 순간을 경험하고 죽겠다고 결심했다.

　그녀는 1년 동안 라스베이거스에 가기 위해 치열하게 돈을 벌었다. 호스티스, 누드모델 등 닥치는 대로 일을 하면서 죽을힘을 다해 처절하게 질주했다. 드디어 1년 뒤에 라스베이거스 카지노에서 인생 최대의 모험을 했다. 그 결과 새로운 선택을 할 수 있었고 멋진 미래도 손에 넣게 되었다.

　그녀의 진솔한 이야기가 책으로 출간되자 독자들의 마음이 물결치며 파장을 일으켰다. 이 책은 독자들의 열렬한 사랑을 받아 베스트셀러가 되었고 제1회 일본감동대상 수상작으로까지 선정되었다. 그녀는 책을 써서 자신의 잿빛인생을 장밋빛인생으로 바꾼 주인공이 되었다.

　우리의 인생도 마찬가지다. 기회가 올 때까지 기다리는 것이 아니라 스스로 그 기회를 만들어야 한다. 그녀도 자신의 기회를 기다린 것이 아니다. 절박한 마음으로 죽을힘을 다해 기회를 만들었기에 인생이 달라졌다. 이처럼 기회를 기다리기보다 책을 써서 기회를 만들어 성공한 사람들은 많이 있다.

대표적인 사람으로 이지성, 김미경, 공병호, 김난도, 조관일 등을 들 수 있다. 그들은 모두 책을 썼기에 인생 2막을 즐겁고 행복하게 살고 있다. 물론 책 한 권 쓴다고 모두 베스트셀러가 되는 것은 아니다. 하지만 제대로 된 책 한 권은 분명히 독자들의 마음을 파고들 수 있다. 그러니 책을 쓰기 전에는 반드시 독자가 무엇을 원하는지 파악해야 한다. 자신의 메시지를 진솔하게 담아 독자와 소통할 때 그 책은 독자들의 사랑을 받게 되는 것이다.

나 또한 책을 쓰기 전까지는 하야마 아마리처럼 별 존재감이 없던 사람이었다. 오히려 그녀보다 더 인생의 파노라마를 많이 겪었던 사람이다. 나름대로 최선을 다하며 살았지만 항상 성공의 문 앞에서 주저앉았다. 마지막이라는 절박한 마음으로 학원을 시작했지만 지인에게 배신당해 모든 것을 한순간에 잃고 수배자가 되었다. 그때부터 시작되는 도피생활에서 내가 할 수 있는 일은 아무것도 없었다.

절망감에 사로잡혀 죽지 못해 살아야 했던 지나간 세월들이 뇌리에 스쳐 지나갔다. 먹고 살기 위해서는 직장을 구해야 했지만 수배자로서 위험한 일이었다. 그때부터 밑바닥 생활이 시작되었던 것이다. 학원 봉고차 운전, 중국집, 무침횟집, 복어탕, 호프집 서빙, 돼지갈비 전문집, 분식집, 해물탕, 어린이집 보조교사, 전단지 배포 등 할 수 있는 일은 닥치는 대로 했다.

이런 일도 쉬운 일은 아니었다. 중국집에서 철가방을 들고 학교까지 배달 갔던 일, 무침횟집에서 칼질을 못해 반나절 만에 쫓겨났던

일, 어린이집 원장의 차에 치여도 말대꾸 한번 못하고 돌아섰던 일, 보건소에서 점검 나오면 월급도 받지 못한 채 도망쳤던 일, 직장을 구하기 위해 굶주린 배를 안고 돌아다녔던 일 등이 주마등처럼 스치고 지나갔다.

지나간 세월 동안 정신적으로나 육체적으로 느낀 고통은 역겨울 만큼 고통스러웠고 괴로웠다. 하지만 그것보다 더 힘들었던 것은 수많은 세월을 낭비했다는 것이다. 그 많은 인생을 보내고 나서야 인생의 소중한 가치를 깨닫게 된 것이 마음 아팠다. 두 번 다시 나의 소중한 인생을 낭비하고 싶지 않았다. 새로운 인생을 다시 정립해야 했지만 나를 도와줄 멘토가 없었다. 그런 나에게 유일하게 손을 내밀어 주었던 것은 바로 책이었다. 책은 나에게 훌륭한 멘토가 되어 주었다.

지금까지 지식과 지혜가 부족했고 통찰력이 없었다. 멀리 보지 못하고 깊이 생각하지 않아 힘든 인생을 살아왔다. 그래서 조금이라도 더 빨리, 더 많이 깨우치고 싶어 장르를 무시하고 닥치는 대로 책을 읽었다. 책을 통해 몰랐던 지식을 배우고 익히면서 조금씩 무지를 깨우쳐 나갔다. 지식이 쌓이면서 지혜가 생기고 의식을 확장되어 나만의 생각을 가질 수 있었다. 작가라는 꿈을 설정할 수 있었고 그 꿈을 위해 밤낮을 가리지 않고 처절하게 노력했다.

여기에는 3년 동안의 생존 독서와 생존 글쓰기가 자양분이 되어 주었다. 생존 독서는 나에게 새로운 인생의 전환점을 만들어주었다. 생존 책 쓰기는 나의 인생을 완전히 바꾸어 놓았다. 책을 쓰면서 자아성찰을 할 수 있었고 깨달음을 얻으면서 책 쓰기도 완성할 수 있었다.

무지한 인생에서 치열한 독자로, 저자로 되기까지 수많은 시간을 돌고 돌아서 왔다. 파란만장한 인생의 굴곡을 겪으면서 끝까지 포기하지 않았기에 여기까지 올 수 있었다.

내가 만약, 독서만 하고 있었다면 과연 어떻게 되었을까? 어쩌면 아직까지 독자로 머무르고 있을 것이다. 책을 썼기 때문에 저자가 될 수 있었고 과거와 다른 새로운 인생을 살 수 있는 것이다. 당신도 이제 가슴 뛰는 인생을 살고 싶지 않은가?

그렇다면 책을 써야 한다. 부와 명예가 따라오면서 당신의 인생이 눈부시게 달라질 것이다.

> 저자가 어떤 사람이든 책을 쓰면 그 분야의 전문가로 인정한다. 자연히 그에 맞는 시선과 대우가 달라진다. 더구나 그 책이 베스트셀러까지 된다면 유명저자가 되어 부와 명예가 따라오는 것은 시간문제다.

4
삶을 완성하는 책 쓰기

"책을 통해 나는 인생에 가능성이 있다는 것과 세상에 나처럼 사는 사람이 또 있다는 걸 알았다. 독서는 내게 희망을 줬다. 책은 내게 열려진 문과 같았다."

'토크쇼의 여왕'이라 불리는 오프라 윈프리의 말이다. 그녀는 책을 통해 자신이 몰랐던 새로운 세상을 만날 수 있었다. 그 세상에서 희망을 발견하고 용기를 가져 자신을 변화시켰던 것이다. 독서는 그녀의 불행했던 과거를 딛고 일어설 수 있는 계기가 되었다. 이처럼 책은 누구에게나 힘든 상황을 극복할 수 있도록 조언해 주는 훌륭한 멘토인 것이다. 그녀는 아무리 극한 상황이라도 손에서 책을 놓지 않았다. 독서를 통해 끊임없이 자신의 지적 호기심을 충족시키며 앞으로 나아갔다.

그녀에게 독서는 자신의 발전에 엄청난 자양분이 되었다. 책을 읽으면서 지식을 습득하고 사고력을 키워나갔다. 책을 쓰면서 점점 더 창조적인 생각을 하며 자신의 영역을 확장시키는 저자가 되었다. 나아가 토크쇼의 여왕으로서 미국 최고의 부와 명예를 가진 여성이 되었다. 그녀는 독서로 자신의 의식을 바꿀 수 있었고, 책 쓰기로 자신의 삶을 완성해 나갔다.

그녀처럼 지속적인 독서습관은 미래의 자신에게 엄청난 삶의 변화를 일으킨다. 이는 책을 읽으면 읽을수록 생각의 관점이 달라지고 의식이 확장되어 사고력이 생기기 때문이다. 즉 공장에서 찍어낸 똑같은 생각이 아닌 독창적인 생각을 할 수 있다는 말이다. 그러면 미래를 생각하고 주체적인 삶을 살 수 있는 힘이 생기게 되는 것이다. 이렇게 책을 읽기만 해도 엄청난 삶의 변화가 생긴다.

그런데 책을 쓰게 되면 인생 자체가 완전히 바뀌게 되는 것이다. 그러니 당신도 책을 쓴다면 오프라 윈프리처럼 되지 말라는 법도 없다. 초등학교 교사인 이지성 작가는 책을 써서 지금은 유명저자가 되었다. 농협의 창구직원이었던 조관일 작가도, 두 아이를 키우는 평범한 가정주부인 김영숙 작가도 책을 썼기 때문에 1인 기업가로 올라설 수 있었다.

나 역시 불행했던 과거를 이겨내기 위해 도서관에서 생존 독서를 시작했다. 텅 빈 머릿속을 채우기 위해 시작한 독서였지만 하나씩 알고 깨닫게 됨으로써 진정한 배움의 기쁨을 느꼈다. 그러나 처음에는 딱딱한 뇌 속에 윤활유를 넣는 일이 심한 거부반응을 일으켰다. 우리 속담에 '고기도 먹어본 사람이 많이 먹는다.'는 말이 있다. 읽지 않던 책을 갑자기 읽으려니 머리와 어깨, 허리, 엉덩이까지 아파왔다. 그런데 이것보다 더 힘든 것은 읽어도 도무지 이해하기 어려운 책 때문이었다.

《이기는 습관》의 저자 전옥표는 이기는 것도 습관이고, 사는 것도 관성이라고 했다. 이는 무슨 일이든 늘 하던 사람이 잘한다는 말이다. 그의 말처럼 나는 한 달, 두 달이 지나면서 이런 힘든 일에 조금씩 적응하기 시작했다. 굳었던 뇌가 말랑해지고 눈과 귀가 조금씩 열리면서 사고력이 생기기 시작했다. 나보다 어려운 사람의 성공 스토리의 책을 읽고 용기가 생기면서 꿈을 가지게 되었다.

시간이 흐를수록 책의 매력에 빠지면서 3년 동안 시공간을 초월하며 저자들과 밀애를 즐겼다. 읽는 책의 권수가 쌓이면서 내 인생에도 희망이 있다는 것을 깨닫게 되었다. 신기하게도 책은 아무것도 모르는 나에게 희망을 심어주면서 훌륭하게 조언까지 해주었다.

나는 그들의 조언으로 멋진 미래를 설계했고 작가라는 꿈에 도전할 수 있었다. 단순히 책만 읽는 것이 아니라 작가가 되기 위한 준비를 시작했던 것이다. 즉 생존 독서와 함께 생존 글쓰기를 위해 조금씩 필사해 나갔다. 그 외에 독서와 글쓰기에 관련되는 자격증을 취득하며 각종 강연회도 찾아다녔다.

3년 동안 도서관에서 독서와 함께 글쓰기를 한 후 본격적인 책 쓰기를 시작했다. 책을 읽는 것도 쉽지 않았지만 책을 쓰는 것은 더욱 힘이 들고 고통스러웠다.

책을 읽는다는 것은 스스로 배우고 깨우치며 의식을 확장시키는 일이다. 우리는 책을 통해 저자를 만날 수 있고 그들의 모든 것을 알 수 있다. 즉 연극으로 말하면 배우를 만나기 위해 연극에 참석하는 관객이라고 할 수 있다. 관객으로서 배우의 연극을 통해 스스로 배우고 깨닫게 된다.

그런데 책을 쓴다는 것은 자신의 과거, 현재, 미래의 모든 것을 책으로 담아내는 일이다. 이는 연극에 있어서 관객이 아니라 자신이 직접 주인공이 되는 일이다. 여기에는 고통이 동반되는 열정과 노력이 없으면 불가능한 일이다. 그래서 책을 읽으면 인간을 성장시킬 수는 있지만 인생을 바꾸지는 못한다는 것이다. 실제로 자신의 삶에 혁명을 일으켜 인생을 바꾸는 것은 바로 책 쓰기라는 말이다. 하지만 자신의 성장 없이 인생의 혁명이 일어나지 않듯이, 독서 없는 책 쓰기도 있을 수 없다. 모든 책 쓰기의 시작은 반드시 독서를 통해 이루어지는 것이다.

나는 책을 쓰기 시작하면서 과거의 삶을 되돌아보았다. 삶을 돌아보는 과정에서 놀라운 사실을 발견했다. 그동안 자신도 모르게 수많은 짐들을 짊어진 채 살아왔던 것이다. 그 짐이 너무 무거워 고통 받으면서도 내려놓지 못하고 지금까지 살아왔다. 책을 쓰면서 그 무거운 짐들을 하나, 둘씩 서서히 내려놓기 시작했다.

이렇게 무거운 짐에서 벗어날 수 있는 것을 그동안 버리지 못하고 눈치보고 망설이며 살아왔던 것이다. 처음 책을 쓸 때까지만 해도 쓰라린 상처를 헤집는 것만 같아 차마 용기를 내지 못했다. 그러나 상처가 두려워 끝까지 용기를 내지 못했다면 앞으로 나가지 못해 상처를 치유할 수 없었을 것이다. 더 나은 인생을 살기 위해 두려워도 앞으로 나아가야만 했다. 진정한 용기는 두려움을 느끼지 않는 것이 아니다. 내가 지금 두렵고 떨려도 한 발자국씩 앞으로 나아가는 것이다. 지금 내딛는 한 발자국이 쌓이면 마침내 나의 목표에 도달할 수 있다는 믿음이 있었다.

책을 쓰면서 아픈 상처들이 떠오르기 시작하자 눈물을 떨어뜨리면서 한 줄, 두 줄 써내려갔다. 그런데 한 줄씩 써내려갈 때마다 신기하게도 무거운 짐들이 하나씩 떨어져 나가고 있었다. 책을 쓰고 난 뒤에는 지금까지 짊어지고 있던 모든 짐들이 스스로 사라지는 느낌을 받았다. 한처럼 들러붙었던 응어리들이 이슬처럼 사라지며 승화되는 기분이었다. 이처럼 책 쓰기를 통해 자신도 모르게 서서히 치유되면서 나의 삶은 완성되고 있었던 것이다.

그렇다면 책 쓰기는 왜 이렇게 삶을 치유하는 데 탁월한 힐링의 효과를 가지고 있을까?

대부분의 사람들은 자신이 스트레스를 받거나 억울한 일을 당하면 누군가에게 말을 한다. 그런 다음 "이렇게라도 말을 해서 속이 풀린다."라고 말한다. 내 이야기를 누군가가 들어줬기 때문에 백 프로는 아니지만 어느 정도 풀린다는 말이다. 이는 누군가 나의 말을 들어주는 사람이 있으면 답답한 속이 풀리고 위안이 되는 것이다. 이렇게라도 말하지 않으면 화병이 나기 때문이다. 지금은 하늘나라에 계시지만 살아생전 어머니의 화풀이 방법도 이와 같았다.

흔히들 최고의 치유제는 시간이라고 한다. 하지만 시간은 기억을 조금씩 잊어버리기 때문에 아픔이 생각나지 않을 뿐이지 완전한 치유제는 아니다. 그 기억을 생각하게 되면 그 상처도 다시 떠오르게 된다. 물론 처음처럼 강력한 상처는 아니더라도 그 상처는 평생 동안 간직할 수도 있다. 그러나 책 쓰기는 최고의 치유제가 될 수 있다.

책 쓰기를 통해 자신의 이야기를 하면서 스스로 그 이야기를 듣고 있는 것이다. 책을 쓰면서 스스로 상처를 치유하고 서서히 힐링이 되는 것이다. 무엇보다 누군가에게 말로 떠들면 하소연이 될 수 있지만 책을 쓰면 공감을 불러일으켜 감동을 준다. 나 또한 과거 억울한 일을 지인에게 말했지만 그들에게 나의 이야기는 넋두리에 불과했다. 그런데 그 이야기를 책으로 써내자 많은 사람들이 공감하고 감동의 문자와 메일이 쏟아졌던 것이다.

이처럼 힘들었던 이야기를 책으로 쓰면 과거의 삶이 조금씩 정리되기 시작한다.

책 쓰기를 통해 자존감을 회복하고 진정한 자아를 찾아 자기혁명을 일으키게 되는 것이다. 그러면 평범한 사람에서 비범한 사람으로 업그레이드되면서 다양한 기회가 주어진다. 그 기회를 통해 활동 영역이 넓어지면서 서서히 자신의 삶을 완성해 나간다.

5
지식과 경험을 전하는
메신저의 삶을 살자

　사람들은 자신이 좋아하고 원하는 인생을 살기를 원하지만 현실
은 그 반대의 길을 걷고 있다. 어쩔 수 없이 가족이나 남의 눈치를
보거나, 남에 의해 끌려가는 인생을 사는 것이다. 그런데 삶을 마감
하는 시점이 되면 자신을 돌아보면서 후회하는 사람들이 많이 있
다. 평생 동안 용기 없는 못난이로, 만족하지 못한 인생으로 살았던
것을 가슴 아파한다.

　《메신저가 되라》의 저자 브렌든 버처드는 자동차사고로 죽음의
순간에 이르게 된 적이 있었다. 그 때 번뜩 세 가지 질문이 떠올랐
다고 한다.

나는 충분히 만족스러운 인생을 살았는가?

열린 마음으로 다른 이들을 사랑했는가?

스스로 가치 있는 존재라고 느끼는가?

그 사고로 인해 얻은 세 가지 질문을 통해 그의 인생은 완전히 바뀌었다. 열정과 목적이 이끄는 삶을 찾게 되자 의미 있는 삶과 물질적인 만족이 함께 따라왔다.

나 역시 이 세 가지 질문에 가슴이 뜨끔해지는 것을 느꼈다. 지인의 배신으로 인해 지금까지 힘들고 고통스러운 삶을 살아왔기 때문이다. 그 고통으로 인하여 남을 사랑하기보다 불신하고 미워하는 마음이 컸다. 남을 탓하고 원망하며 도망자가 된 자신을 비관하며 살아가는 루저와 같은 인생이었다.

항상 부정적인 생각이 가득하니 더 이상 떨어질 수 없는 마지막 밑바닥까지 떨어졌다. 그때서야 브렌든 버처드처럼 나 자신을 되돌아보며 객관적으로 관찰할 수 있었다. 그러자 만족스러운 인생은커녕 자신을 비관하며 살고 있는 '나 자신'을 발견했다.

당시 나는 도망자의 신세가 되어 감옥에 갇히지 않기 위해 죽은 듯이 숨어서 살았다. 이런 내가 진짜 감옥에 갇혀 있었던 것은 육체가 아닌 영혼이었다는 것을 깨달았다. 그동안 내 눈과 귀를 가리고 이성을 마비시킨 감옥 속에 살고 있었던 것이다. 그 속에 갇혀 바로 보지도, 듣지도 못하고, 생각하지도 못했기에 고통스러운 인생을 살고 있었다. 결국 지옥 같은 인생을 살았던 것도 모두 내 자신이 만든 결과였던 것이다.

더 이상 내려갈 곳도 없는 인생의 밑바닥에서 내가 할 수 있는 일을 생각했다. 여기서 벗어날 수 있는 유일한 길은 피하지 않고 정면으로 부딪혀 나가는 길밖에 없었다. '그래, 이 절망의 밑바닥을 치고 올라가는 길은 죽을 각오로 앞으로 나가는 수밖에 없다.'고 생각했다. 그런데 죽을 각오로 앞으로 나가기 위해서는 용기가 필요했다. 지금껏 용기가 없었기에 두려움에 떨며 살았다. 이제 더 이상 숨어 다닐 곳도 없는 막다른 곳까지 왔다. '쥐도 막다른 골목에서는 고양이를 문다.'고 했다.

나 역시 두려웠지만 더 이상 피할 수 없었고 실낱같은 희망이라도 잡기 위해 용기를 냈다. 그러자 그 절망적이었던 상황에서도 희망이 찾아왔던 것이다. 그 당시 이런 용기를 내지 않았다면 아직도 나는 힘든 생활을 하고 있었을 것이다. 그 용기 덕분에 나의 무죄가 밝혀지면서 세상으로 나올 수 있었다.

새로운 세상으로 나온 후, 후회하지 않고 가치 있는 인생을 살고자 닥치는 대로 책을 읽었다. 많은 책 중에서《메신저가 되라》를 읽고 메신저의 삶을 이해하게 되었다. 처음 읽었을 때는 메신저를 알게 된 참 좋은 책이라고 생각했다. 두 번째 읽었을 때는 메신저의 삶을 피부깊이 느끼면서 공감했다. 세 번째 읽었을 때는 소름이 돋았고, 네 번째는 뼈 속까지 스며들 정도였다. 지금은 이 책을 쓰면서 다시 또 읽고 있는 중이다. 책을 써서 강연을 하고 메신저를 꿈꾸는 사람이라면 분명히 도움이 되는 책이다.

나는 그의 삶처럼 만족스러운 삶을 살기 위해 3년 동안 도서관에서 생존 독서와 글쓰기를 했었다. 독서를 하면서 꿈을 찾았고 그 꿈을 가지자 새로운 꿈을 향해 다시 도전하고 있는 중이다. 인생은 도전의 연속이다. 살아 있는 한 인생은 마침표가 아니라 그 중간마다 쉼표를 두어 잠시 쉬어가며 끊임없이 도전해야 한다. 그것이 인간이 살아가는 목적이고 태어난 이유이기도 하다.

우리가 후회 없는 인생을 살기 위해서는 매 순간 절박한 마음으로 충실히 살아야 한다. 오늘은 어제 죽은 이가 그토록 그리던 내일이다. 항상 죽음을 맞이할 때와 마찬가지로 절박한 마음으로 살아간다면 이루지 못할 일은 없다. 성공한 사람들도 모두 절박한 마음으로 치열하게 노력했기에 이루어냈던 것이다. 그래서 자신들의 경험과 지식을 책으로 출간하고 사람들에게 공유하며 도움을 주고 있다. 그들은 메시지를 통해 많은 사람들에게 선한 영향력을 끼치며 메신저로서의 삶을 살아간다.

누구라도 자신의 지식과 경험을 메시지로 만들어 사람들에게 전달할 수 있다면 메신저가 될 수 있다. 즉 메신저란 사람들에게 지식과 노하우를 제공하고 대가를 받는 사람이다. 다시 말하면 자신의 메시지를 제공하여 사람들이 성공하도록 조언하고 돕는 사람을 말한다. 메신저는 자신의 인생 경험을 통해 사람들에게 간접체험을 할 수 있도록 교훈을 준다. 이는 자신의 일에 보람을 느끼는 동시에 돈도 벌면서 사람들과 소통할 수 있는 최고의 직업이다. 그들은 자신들이 좋아하는 일을 하며 물질적인 만족까지 누리게 된다. 이런 메신저의 삶을 살기 위해서는 가장 먼저 해야 하는 것이 책을 쓰는 일이다. 저서가 없다면 메신저로서 성공할 수 없다. 저서는 사람들과 소통하고 메신저로서 일어설 수 있는 가장 좋은 방법이다.

나는 책 쓰기를 통해 저자가 될 수 있었다. 저서는 나에게 사람들과 연결해주는 유일한 통로였다. 처음 책을 쓸 때는 잘 써지지 않아 무척 어렵고 힘들었다. 누구나 마찬가지겠지만 예비저자에게는 처음 쓰는 책 한 권이 가장 어렵고 힘이 든다. 처음 책이 출간되면 그 기쁨은 말로 표현할 수 없다. 이는 산고의 고통을 느끼고 아기를 출산한 엄마의 심정과 같은 것이다.

아기를 출산했을 때 느끼는 기쁨이 출산의 고통마저 잊어버리고 다시 아기를 가지는 엄마의 마음이다. 책 쓰기도 이와 다름없다. 출간 후, 희열을 맛본 사람이라면 아무리 고통스러워도 책을 쓴다. 오히려 책이라는 분신을 출산한 경험으로 두 번째 책부터는 좀 더 쉽고 자연스럽게 쓸 수 있다.

지금까지 나는 여러 권의 저서를 출간했지만 출간할 때마다 강한 '카타르시즘'을 느꼈다. 요즘은 아침 독서를 즐기면서 조금씩 책을 쓰고 있다. 오후에는 주로 상담을 하면서 바쁜 일상을 보내고 있다. 독자들은 메일로 상담하거나 〈조경애 책쓰기연구소〉를 직접 찾아오기도 한다. 상담을 통해 달라지는 그들의 모습을 보면 강한 자부심을 느낀다. 또한 동기부여가로서 사람들에게 나의 인생경험을 바탕으로 강연하면서 그들과 소통한다. 그들이 자신의 꿈을 찾아 미래를 설계하는 것을 보면 메신저로서의 보람도 느낀다.

내가 상담하는 사람들은 하나같이 '코치님, 저는 고생을 별로 하지 않은 평범한 사람입니다. 책을 쓸 수 있을까요?', '저는 고등학교만 졸업했는데 책을 쓸 수 있을까요?', '특별한 능력이 있는 것도 아니고 국문과를 나오지 않았는데 괜찮을까요?' 라고 말한다. 그 말에 충분히 공감한다.

나 역시 책을 쓰기 전에는 그들과 마찬가지였다. 특별히 책을 쓰는 능력이 있는 것도 아니고 책도 거의 읽지 않았다. 책을 읽지 않자 무지하고 무식견한 사람이 되어 오랫동안 힘들고 고통스러운 인생을 겪었다. 그 시간들은 분명 가슴 아픈 세월이었다. 그러나 그 세월조차도 나에게는 책 쓰기의 재료가 되었다. 이제는 그 경험들을 토대로 책을 써서 사람들에게 희망과 용기를 주면서 메신저로서의 삶을 살고 있다.

그런 만큼 이 책을 읽고 있는 독자 역시 책을 써야 한다. 쓰고자하는 절박한 마음과 명확한 목표, 치열한 노력이 있다면 얼마든지쓸 수 있다.

당신은 저평가된 우량주로서 당신이 생각하는 것보다 훨씬 능력이 있는 사람이다. 다만 당신이 그것을 미처 깨닫지 못할 뿐이다. 그 능력을 끄집어 내어주는 것이 메신저가 하는 일이다. 책을 쓰다가 어려운 것이 있다면 책을 쓴 선배들의 도움을 구하자. 이들은 모두 메신저로서의 역할을 할 것이다. 또한 그들을 통해 당신도 책을 쓴다면 당신 역시 메신저의 삶으로 한 발짝 다가가게 될 것이다.

> 메신저의 삶을 살기 위해서는 가장 먼저 해야 하는 것이 책을 쓰는 일이다. 저서가 없다면 메신저로서 성공할 수 없다. 저서는 사람들과 소통하고 메신저로서 일어설 수 있는 가장 좋은 방법이다.

프로 강사로 성공하려면 책을 쓰자

한국경제가 저성장 시대로 접어들면서 내수시장이 침체되고 경기 침체의 골은 깊어졌다. 통계청이 발표한 2016년 12월 연간 고용동향에 의하면 실업자 수는 101만 2천 명이었다. 이는 처음으로 100만명을 넘어섰으며 그중에서 청년실업률이 9.8%를 차지하여 사상 최고치를 기록하고 있다.

그나마 남아 있는 일자리조차도 정규직에서 비정규직으로 확대되고 있는 추세다. 실업자가 100만 명을 넘어서고 임금노동자의 3분의 1인 630만 명이 비정규직으로 살고 있다. 지금의 청년세대들은 정규직보다 비정규직으로 살아가야 하는 인생으로 전락한 것이다.

비정규직은 똑같은 일을 해도 월급은 정규직의 절반밖에 받지 못하는 반쪽짜리 인생이나 마찬가지다.

물가는 천정부지로 뛰고 있는데 비정규직으로 살아가야 하는 청년들의 삶은 한마디로 희망이 없다. 그렇다고 정규직도 안전한 것은 아니다. 이대로 경기불황이 계속 이어진다면 기업들은 손해를 줄이기 위해서라도 감원할 수밖에 없다. 그러니 정규직이라 지금 편안하고 잘 돌아간다고 해서 절대 안심해선 안 된다. 현실에 안주하다 구조조정당해 후회하는 사람들이 늘어나고 있다.

우리가 후회 없는 인생을 살기 위해서는 진정으로 자신이 무엇을 해야 하는지 정확히 알아야 한다. 그래야 신념을 가지고 목표를 계획해서 앞으로 나갈 수 있다. 자신이 원하는 삶을 살고 싶다면 제일 먼저 자신이 잘하는 것을 찾아야 한다. 만약 잘하는 것이 없다면 좋아하는 것을 찾으면 된다.

대부분의 사람들은 자신이 지금 하고 있는 취미분야를 좋아하고 있다. 이런 것들을 잘 활용한다면 충분히 성공할 수 있다. 이제는 더 이상 눈치만 보다가 밀려나는 인생이 되어서는 안 된다. 자신이 원하는 것을 향해 당당하게 밀고 나가야 하는 것이다.

사람마다 자신이 잘할 수 있고 좋아하는 것이 다를 수 있다.

아직 자신이 무엇을 좋아하고 잘할 수 있는지 알지 못하는 사람들도 있다. 그래서 많은 사람들이 자기계발을 통해 자신의 능력을 찾기 위해 노력하고 있다. 최근에는 1인 기업의 열풍이 불면서 강사라는 직업이 뜨고 있다. 강사는 특별한 자격증이 필요 없기에 콘텐츠만 있으면 누구나 가능하다.

강사의 가장 큰 장점은 경기 불황의 시대에서 무자본, 무점포로 시작할 수 있다는 점이다.

　많은 자영업자들이 하루가 다르게 창업을 하지만 견디지 못하고 폐업하는 사람들이 부지기수다. 퇴직금으로 시작한 창업이지만 빚만 떠안고 야반도주하는 사람들도 속출하고 있다. 참으로 안타까운 현실이다. 그런데 강사는 실패해도 투자한 돈이 없기 때문에 잃을 것이 없다.

　사람들이 살면서 불안을 느끼는 것은 미래를 알 수 없기 때문이다. 청년들은 취업이 될 수 있을지, 직장인은 회사를 끝까지 다닐 수 있을지, 자영업자는 창업을 성공적으로 이끌어 나갈지 등 모두 나름대로의 걱정이 있다. 그들이 갑자기 실직하거나 폐업하게 된다면 당장 밥벌이가 끊겨 가정을 지킬 수 없다. 그래서 자신이 원하는 꿈이 있어도 포기하면서까지 직장에 올인하고 있다. 그런데 지금의 회사는 오히려 자기계발하는 구성원을 우대하고 있다. 그 이유는 직장인이 자기계발을 통해 업무에 성과를 올린다면 이는 곧 회사의 발전이 되기 때문이다.

　따라서 자신이 어느 곳에 있든지 미래의 청사진을 그릴 수 있어야 한다. 만약 미래가 암울하다면 평생 현역으로 살아갈 수 있는 자신만의 스펙을 만들어야 한다. 직장인은 자신의 전문분야를 토대로 사내직원을 대상으로 강의하는 다양한 방법이 있다. 이런 스피치 능력이나 PPT 스킬을 배우기 위해 많은 사람들이 강사 양성 학원을 찾고 있다. 그들은 하루빨리 강의 무대에 올라서고 싶어서 교육현장에 뛰어 들고 있다.

그러면 이런 강사들의 수입은 얼마나 될까? 강사는 시작한 지 얼마 되지 않은 초보 강사부터 베테랑급인 전문 강사까지 다양하다.

전문 강사의 수입도 한 타임 강연에 10~40만 원 정도다. 초보강사의 경우에는 경험을 쌓기 위해 무료로 하는 경우도 있다. 그러나 이름 있는 프로강사는 한 타임 강연에 수백만 원씩 받는다. 심지어 천만 원이 넘는 몸값을 자랑하는 강사들도 있다.

강사라는 신분이 정규직과 비정규직을 구분하는 직업도 아닌데 왜 이렇게 차이가 나는 것일까? 그것은 바로 저서가 있느냐, 없느냐에 따라 다르다고 해도 과언이 아니다. 초보 강사라도 책을 쓴 저자라면 처음부터 100만 원씩 받고 강연을 하는 사람들도 많다. 하지만 아무리 오래된 전문 강사라고 해도 저서가 없다면 그 수입은 현저하게 떨어진다. 저서가 없는 만큼 인지도 역시 낮기 때문에 강의 요청도 적을 수밖에 없다.

내 인생 5년 후를 출간한 하우석 저자는 한 인터뷰에서 이렇게 말했다.

"책을 쓰는 것은 저에게 큰 도전이었고, 또 동시에 환희였습니다. 이름이 박힌 책을 가졌다는 것만으로도 그렇지만, 그 무엇보다 큰 기쁨은 독자와의 교감에 있었습니다. 제 생각을 독자와 나눌 수 있다는 것은 막연한 기대 이상으로 벅찬 감동이었습니다. 더불어, 책이 인연이 되어 수많은 사람들과 강연장에서 만날 수 있었습니다. 전국에서 강의 요청이 쇄도했고, 강연 일정만 따로 적는 스케

줄 노트를 마련해야 할 정도였으니까요.”

누구든지 책을 쓰면 전국에서 강연요청이 들어올 수 있다. 그때 강연경험이 없다고 피하지 말아야 한다. 계속해서 강연이 이어질 수 있도록 철저하게 준비해야 한다. 강연을 하면 의뢰 측에서 저서를 10~20부 지원하기도 한다. 이와 더불어 강의 도중 선물용으로 몇 부씩 주게 되면 자연스럽게 저서를 홍보할 수 있다. 강연이 끝난 후에도 후기 포스팅을 자신의 블로그, 카페, SNS에 올리면 자연히 홍보가 된다. 프로강사들 중에서 저서가 없는 사람은 없다. 적게는 한두 권에서부터 많게는 수십 권의 저서를 가지고 있다.

휴먼 컴퍼니의 김창옥 대표는 처음 강사시절에는 아무도 그를 불러주는 사람이 없었다. 무명강사인 그가 고민 끝에 찾아간 곳이 스피치 학원이었다. 무작정 근처 스피치 학원으로 들어가서 강의 자리를 부탁했다.

원장은 그의 요구를 들어주었고 그 일이 계기가 되어 강의는 계속 이어졌다. 그와 마찬가지로 무명강사들은 강의가 올 때까지 기다리는 것이 아니라 직접 발로 뛰어야 한다. 그도 맨땅에 헤딩하듯이 직접 부딪히고 철저하게 노력하면서 책을 썼기에 최고의 프로강사가 될 수 있었다.

그 외에도 《아트스피치》의 김미경, 《나는 아내와의 결혼을 후회한다》의 김정운 교수, 《꿈이 있는 거북이는 지치지 않습니다》의 달인 김병만, 《멈추면 비로소 보이는 것들》의 혜민 스님 등은 모두 저서를 출간했기에 최고의 몸값을 자랑하는 프로강사가 될 수 있었다.

이처럼 성공한 강사들은 자신의 강의 능력을 계발하기 위해 모두 치열하게 노력한다. 그 노력의 가장 근본적인 방법은 바로 자신의 책을 쓰는 것이다. 책을 쓰면 다양한 기회가 찾아오지만 무엇보다 강사에게 가장 필요한 콘텐츠를 가지게 된다. 자신의 지식과 스토리로 강연하기에 독자들의 마음에 쉽게 다가가 청중을 사로잡을 수 있다.

저서가 없으면 콘텐츠가 약하고 전문성이 결여되어 공감능력이 떨어진다. 또한 강의 채택 여부를 저서가 있는 강사인지, 없는 강사인지에 따라 결정되는 곳도 많이 있다. 심지어 저서를 몇 권 출간했느냐에 따라 그 강사의 전문성을 판단하기도 한다.

이런 현실에서 강사라는 직업은 강의가 없으면 수입도 없다. 그런데 언제까지 무명강사로 시간당 2~10만원 받고 1년에 300회나 넘게 뛰어다니며 고생할 것인가? 필자의 지인은 하루에 몇 번씩 열심히 뛰어다녀서 겨우 10만 원을 벌었다. 또 강의가 없으면 수입이 끊겨 불안한 생활을 보내야 했다. 이런 무명강사들은 우리 주변에도 수없이 많다. 그런데 책을 써서 프로 강사가 되면 하루에 수백만 원도 벌 수 있다. 어느 것을 선택하던 그것은 당신의 자유다. 단지 당신도 프로강사가 되어 하루에 수백만 원씩 벌고 싶다면 반드시 책을 써야 한다.

"당신은 한 번 강연에 수백만 원을 받는 프로강사가 될 것인가?, 아니면 하루 10만원에 만족하는 무명강사로 있을 것인가?"

아직까지 자신의 책을 쓴 프로강사들은 많지 않다. 그만큼 책을 출간하는 일은 심혈을 기울여야 하는 힘든 일이다. 그래서 많은 사람들이 책을 쓰고 싶지만 쉽게 도전하지 못하고 있다. 이를 극복하고 독창적인 책을 쓴다면 자신의 전문 분야에 관한 부족한 콘텐츠도 보완할 수 있다. 그러면 프로강사의 길은 자연히 열리게 된다.

전문 강사의 수입도 한 타임 강연에 10~40만 원 정도다. 초보강사의 경우에는 경험을 쌓기 위해 무료로 하는 경우도 있다. 그러나 이름 있는 프로강사는 한 타임 강연에 수백만 원씩 받는다. 심지어 천만 원이 넘는 몸값을 자랑하는 강사들도 있다. 강사라는 신분이 정규직과 비정규직을 구분하는 직업도 아닌데 왜 이렇게 차이가 나는 것일까? 그것은 바로 저서가 있느냐, 없느냐에 따라 다르다고 해도 과언이 아니다.

직장인, 승진에 미련 두지 말고
책 쓰기로 1인 창업하자

　한국 사회는 기업사회라고 할 수 있다. 기업이나 직장을 떠나서 사회적 시민권으로 살아갈 수 없다. 우선 생존을 위한 의식주와 교육, 의료부문, 자녀의 성장에 필요한 사회적 서비스가 요구된다. 만약 직장이 없다면 한국 사회에서 살아간다는 것은 거의 불가능한 일이다. 경제 불황이 이어지면서 2014년부터 3년 연속 실업자 수가 증가했다. 2016년에는 사상 최고의 실업률까지 기록했다. 이제 실업자들은 최소한의 생계도 유지하기 힘들어졌다.

　직장인들도 비정규직으로 근무하고 있는 이상 생활환경은 점점 더 열악해질 수밖에 없다. 전체 근로인구의 절반이나 되는 비정규직이 늘어난다는 것은 단순한 고용 시장의 악화가 아니다. 이른바 노동자를 착취하는 현대판 노예를 만드는 것이다. 이제는 갈수록 심화되는 비정규직의 양산으로 인간다운 삶을 기대하기는 어렵다. 불만이 있어도 말하지 못하고 눈치만 보는 가슴 졸이는 생활을 계속해야 한다. 언제 죽을지도 모르는 파리 목숨이나 마찬가지 인생이다.

아슬아슬한 살얼음판을 걸으면서도 미래를 계획하지 않는 사람들이 많다. 매월 반복되는 월급에 안도하면서 상사의 눈치를 보며 가슴 졸이면서 회사생활을 지속하고 있다. 그들은 회사에 충성하면 자신만은 아무 이상이 없을 거라는 막연한 기대감을 가지고 있다. 이와 반대로 회사에 올인하면 빨리 승진할 수 있을 것이라는 희망으로 능력을 발휘하는 사람도 있다.

이들은 자신의 성과물로 인해 남들보다 빨리 승진해 임원이 되기도 한다. 그러나 임원이 될수록 회사를 그만두어야 하는 날도 빨리 다가올 수 있다는 것을 알아야 한다.

'믿는 도끼에 발등 찍힌다.'는 말이 있지 않은가. 회사는 이윤을 추구하는 기업집단이다. 회사의 이익을 위해서는 언제 구조조정을 할지 알 수 없다. 특히 인원감축은 평소 자신들의 마음에 들지 않는 사람들을 내치는 데 가장 효과적이다.

한국의 정년퇴직연령은 60세라고 하지만 요즘 같은 불경기에는 내일도 예측하기 힘든 세상이다. 오륙도(도둑놈), 사오정(정년), 삼팔선(조기퇴직), 이태백(20대 태반이 백수)이라는 말이 있다. 심지어 이구백(20대 90프로 백수)라는 말까지 생긴 마당에 60세 정년으로 은퇴한다는 것은 거의 불가능하다. 언제 칼바람을 맞을지 몰라 항상 불안한 마음으로 직장을 다닌다는 것은 고문이나 다름없다.

이런 불경기에는 공무원을 최고의 직장으로 선호하고 있다. 배우자가 될 사람이 공무원이면 1등 신랑감, 신붓감이라고 한다. 심지어 어린아이들조차도 자신들의 꿈이 공무원이라고 하는 세상이다. 그런데 대한민국의 현실은 일촉즉발의 위기에 봉착해 있기에 공무원도 예외가 될 수 없다.

2016년 12월 미국의 금리인상과 더불어 2017년 1월 트럼프가 대통령으로 취임한 이후 한국의 경제 역시 영향을 받지 않을 수 없다.

일본은 트럼프 당선인을 만나며 빠른 행보를 보였고 주변 국가들도 발 빠르게 움직이고 있다. 그런데 대한민국은 정치적 혼란과 함께 경제까지 침체해서 아무런 준비도 하지 못하고 있다.

이 시국에 최순실 국정논단과 김영란법(부정청탁 및 금품 등 수수의 금지에 관한 법률)에 이어 AI 여파까지 겹치면서 자영업자들의 폐업이 속출하고 있다. 물가는 요동치고 경제가 파국지세로 치닫고 있다. 다시 1997년의 IMF 시절이 찾아오는 것처럼 우려스럽기까지 하다. 이런 상황이라면 공무원도 인원감축으로 인한 구조조정을 당할 수 있다.

국회자료에 따르면 97년에 35만 7,202명이었던 지방공무원이 2001년 7월에 30만 600명으로 19.4%가 줄었다. 국가공무원의 경우에는 97년 56만 1,952명에서 2014년 54만 5,690명으로 2.8% 줄었다. 결국 평생직장이라고 말하던 공무원도 옛말이 되었다. 이제는 평생직장이 아니라 평생 직업을 찾아야 한다.

한 지인도 공무원이라고 안심했지만 얼마 전 기관이 합병되면서 한직으로 밀려났다. 그만두고 싶은 마음은 굴뚝같지만 대출금과 생활비, 자식들의 등록금 때문에 어쩔 수 없이 다니고 있다. 자신의 적성과 맞지 않는 일을 하면서 상사의 눈치까지 보는 하루하루가 괴롭다고 말했다. 자식들이 학업을 마칠 때까지는 다녀야 하지만 견딜수 있을지 걱정이라고 했다.

나는 그에게 평생 직업을 가질 수 있는 방법은 자신의 전문분야에서 조금만 관점을 바꾸라고 말했다. 그는 지금까지 자신의 업무분야에 대한 전문지식과 경험, 노하우를 가지고 있었다. 그 업무분야를 토대로 주제를 만들어 책을 쓴다면 상황은 분명히 반전될 것이다. 밥벌이를 할 수 있는 지금 책을 쓰는 것이 가장 이상적이다. 그렇지 않고 계속 회사에 헌신한다면 언젠가 헌신짝처럼 버려지게 될것이다. 그 언젠가가 오늘이 될 수도 있고 내일이 될 수도 있다. 그때 가서 후회해도 이미 때는 늦다. 뒤늦게 창업이라도 하는 사람들이 많겠지만 현실이 그리 녹록치 않다.

2016년 3월 25일 통계청에 의하면 "우리나라는 한 해 동안 100만명이 자영업 창업을 하고, 약 80만 명이 폐업을 한다. 또 폐업 자영업자 중 35.7%가 무직자로 전락한다. 소상공인이 폐업으로 인해 한순간 빈곤층으로 전락하지 않도록 사회안전망을 확충해야 할 때"라고 말했다.

잘못된 창업은 하루아침에 생계를 유지하기도 힘든 빈곤층으로 전락하게 된다. 그러니 퇴직 후 창업은 절대 서둘러서는 안 된다. 반드시 현직에 있을 때 미리 계획하고 조사한 뒤 신중하게 결정해야 한다.

우리 동네에도 이번 달에만 음식점만 네 군데나 생겼다. 그 외 카페, 미용실, 전기조명 등 새로운 점포들이 우후죽순처럼 생겨났다. 그러나 창업과 함께 폐업하는 점포들이 많아 안타까웠다.

《1인 창업이 답이다》의 이선영 저자는 삼육 보건대를 졸업한 뒤 치과위생사로 근무했다. 그녀는 8년 동안 임상에서 뛰며 근무한 경험으로 컨설팅 회사에 입사했다. 직접 발로 뛰면서 실패도 경험했지만 그 속에서 배우고 익혀 나갔다. 병원 컨설팅을 하면서 치과전문 강사로 활동했지만 여기에 만족하지 않았다. 자신의 이름을 제대로 알리기 위해 책을 쓰기로 결심했다.

그때부터 치열하게 노력하면서 원고를 완성시켜나갔다. 동시에 자신의 꿈인 1인 창업을 위해 회사를 그만두었다. 책이 출간되기도 전에 직장을 그만둔 것은 무엇보다 자신만의 확고한 신념이 있었다. 그 결과 《20대, 발칙한 라이프! 쫄지 말고 당당하게》가 출간되었다.

책이 출간되면서 강연 요청과 컨설팅이 쇄도했고 자신의 이름도 함께 브랜딩되었다. 그녀는 책 쓰기로 1인 창업의 기틀을 다지며 꿈을 이루었다. 지금은 〈여인컨솔루션〉의 병원 전문 컨설턴트로서 병원에 관련되는 노하우를 제공하고 있다.

계속해서 《1인 창업이 답이다》, 《병원 매출 열 배 올리는 절대 법칙》 등을 출간하면서 1인 창업가로 입지를 구축해 나갔다. 물론 자신이 성공하기까지 치열한 노력이 있었지만 가장 중요한 것은 책을 펴냈기에 가능했다. 결국 책 쓰기라는 든든한 자본으로 1인 창업이라는 멋진 성공을 거둘 수 있었던 것이다.

이처럼 경기가 불안한 시기에 평생 든든한 자본을 만들 수 있는 것은 책 쓰기밖에 없다. 책을 쓰는 것은 창업을 하는 것처럼 많은 돈이 드는 것도 아니다. 책 쓰기에 대한 절박한 마음으로 포기하지 않고 끝까지 노력하면 누구나 가능한 일이다. 따라서 직장에, 창업에 목숨 걸지 말고 지금 당장 책을 쓰자. 그러면 다양한 기회로 인해 1인 창업을 할 수 있는 길이 쉽게 열릴 것이다.

서울사이버대학교 평생교육원 원장 양병무 교수는 직장인들에게 이렇게 말했다.

"평생직업 개념이 사라지고 있는 요즘에는 평생교육과 글쓰기 능력이 필수가 되었어요. 주변에 퇴직을 준비하시는 분들을 보면 퇴직금으로 자영업을 하겠다는 게 일반적이에요. 하지만 사업 성공률은 낮죠. 은퇴 후 그때까지의 지식에 글쓰기라는 기술을 더하면 리스크는 낮추면서 제2의 인생을 시작할 수 있는 든든한 자본이 될 겁니다."

책을 쓰는 것은 창업을 하는 것처럼 많은 돈이 드는 것도 아니다. 따라서 직장에, 창업에 목숨 걸지 말고 지금 당장 책을 쓰자. 그러면 다양한 기회로 인해 1인 창업을 할 수 있는 길이 쉽게 열릴 것이다.

작가, 코치, 강연가로 인생 2막을 살자

　우리는 어려서부터 똑같은 교육과 학습으로 인해 똑같은 생각을 한다. 마치 공장에서 찍어낸 기계처럼 똑같은 선택을 무한 반복하며 열심히 살아가고 있다.

　그리고 각자 나름대로 치열하게 노력해서 취득한 스펙으로 취업의 문을 두드리지만 좀처럼 열리지 않는다. 아무리 많은 스펙을 가져도 취업이 되지 않자 생계를 위해 아르바이트에 뛰어드는 사람들이 많아졌다. 그러자 아르바이트조차도 100만 명을 돌파하게 되었다.

　이제는 자신이 원하는 일자리를 찾는 것은 그림의 떡이 되었다. 정규직보다 비정규직이나 아르바이트로 생활하는 청년들이 늘어나면서 생활고는 점점 더 어려워졌다. 이는 정규직 1명이면 비정규직 2명은 채용할 수 있기에 갈수록 정규직은 사라지고 있기 때문이다.

대한민국을 짊어질 청년들의 일자리가 비정규직이나 아르바이트로 채워지면서 그들의 미래가 불안해졌다. 이 시대의 주역이 될 청년들이 흔들리자 대한민국의 미래도 함께 어두워진 것이다.

그렇다고 중·장년층이라고 해서 안심할 수 없다. 계속되는 경기불황 속에 누가, 언제, 어떻게 될지 알 수 없는 일이다. 중년의 나이에 감원되면 더 이상 갈 곳도 없다. 간다고 해도 비정규직이나 아르바이트뿐이다. 그곳조차도 중장년층보다는 대부분 젊은 사람들을 채용하려고 한다.

이런 환경 속에서 살아남기 위해서는 자신만의 파이프라인을 만들어야 한다. 사람들은 흙수저로 태어난 것을 한탄하지만 자신을 금수저로 바꿀 생각은 하지 못한다. 흙수저를 금수저로 바꿀 수 있는 것은 책을 써서 자신의 인생을 역전시키는 수밖에 없다.

얼마 전 학교에서 20여 년의 교직생활을 보낸 뒤 명예 퇴직한 J를 만났다. 오랜만에 만난 그의 모습은 몹시 초췌하고 불안해 보였다. 살이 많이 빠져 눈도 퀭하고 머릿속은 휑하니 보였다. 그나마 남아 있는 머리조차도 백발이 되어 완전히 다른 사람으로 보였다. 나는 그와의 대화를 통해 그 이유를 찾을 수 있었다. 그는 교직생활을 하면서 받은 스트레스로 인해 한동안 우울증까지 걸릴 정도였다고 말했다. 결국 정년퇴직을 몇 년 앞두었지만 현실이 주는 압박감을 견디지 못하고 명예퇴직을 하고 말았다.

지금까지 학교를 위해, 학생들을 위해 헌신했지만 그만둘 수밖에 없었다. 평생을 교직생활에 올인했기에 다른 일을 생각하지 못했다. 이렇게 그만둘 줄 알았으면 그동안 자신을 계발하지 못한 것이 후회스럽다고 말했다. 그를 보면서 철밥통 같은 교직생활도 인원감축을 위해 수단, 방법을 가리지 않는다는 것을 알았다.

그와 마찬가지로 많은 사람들이 정상을 향해 오로지 앞만 보고 열심히 달려간다. 남보다 더 빨리 승진하기 위해 더 열심히 달려가지만 결국 그곳은 벼랑 끝이었던 것이다. 그의 말처럼 직장인들은 언젠가는 떠나야 한다는 것을 알고 있다. 하지만 조금이라도 더 연장하기 위해, 임원이 되면 혹시라도 하는 마음으로 회사에 목을 매게 된다. 많은 사람들이 시간과 열정, 꿈까지 희생하며 직장에 매달리지만 여전히 실패하는 인생을 살고 있다. 이제는 그 반복된 사고와 틀에서 벗어나야 한다.

독일의 철학자 니체는 말했다.

"젊은이를 타락으로 이끄는 확실한 방법은 다르게 생각하는 사람 대신 같은 사고방식을 가진 사람을 존경하도록 지시하는 것이다."

니체의 말처럼 많은 사람들은 똑같은 사고와 선택으로 똑같은 실패를 무한 반복한다. 무언가 이루고자 하는 꿈이 있지만 어떻게 그 꿈을 이루어야 하는지 방법을 알지 못한다. 설령 안다고 하더라도 현실이 주는 편안함을 버리기가 두려운 것이다. 직장에 취업하면 열정과 정성을 다해 무조건 충성봉사하며 전력투구한다. 뒤늦게 배반

당한 것을 알게 되었을 때는 이미 버스는 지나간 뒤다. 그나마 청년이라면 비정규직이나 아르바이트라도 할 수 있지만 중년층은 아르바이트조차 구하기 힘들다. 할 수 있는 것이라고는 창업으로 눈을 돌리는 것뿐이다. 그런데 창업경험이 없기에 쉽게 할 수 있는 프랜차이즈 사업을 떠올리게 된다.

그러나 프랜차이즈 사업이 오히려 더 위험하다. 프랜차이즈 사업은 대기업들의 배만 채워주고 자신은 죽어라 일만 하는 직장인과 다름없다. 이름만 허울 좋은 사장님이지 실상은 하루 종일 일하는 대기업의 노예인 것이다.

프랜차이즈 사업이 잘되면 그 주변에 같은 사업장이 생기는 것은 비일비재하다. 이런 대기업의 횡포는 이미 뉴스에서도 많이 다루고 있다. 프랜차이즈 사업이 잘되지 않을 경우에는 사업을 위해 들어간 투자금은 고스란히 빚으로 떠안게 된다.

이제는 이러한 생각의 관점을 바꾸어야 한다. 똑같은 생각에서 벗어나 남들과 다른 생각, 다른 관점을 가지는 것이 중요하다. 퇴직 후가 아닌 현직에 있는 지금, 자신의 미래를 생각해야 한다. 앞으로 5년 후, 자신의 미래 청사진을 그려보는 것이 중요하다. 만약 자신의 미래가 암울하게 느껴진다면 돈이 들어올 수 있는 파이프라인을 만들어야 한다. 가족을 위해 퇴근한 뒤에 아르바이트를 할 것이 아니라 돈이 들어오는 시스템을 구축해야 한다.

최근에는 자신의 지식과 성과기반, 노하우를 바탕으로 하는 1인 기업가들이 늘고 있다. 그렇다면 자신의 지식과 경험을 바탕으로 책을 쓰면 독자들에게 자신을 홍보할 수 있다.

내 책을 읽고 감동받은 독자들이 많을수록 칼럼기고, 강연, 방송 출연 등의 의뢰가 들어올 것이다. 그럴 경우를 대비해 미리 강연을 연습해 둘 필요가 있다. 국민강사로 알려진 김미경 강사도 강연을 하기 위해 20번씩 연습했다고 한다. 아무 경력도 없는 당신이 연습을 하지 않는다면 강연가로 나서기는 힘들다. 강연요청이 들어오면 반드시 승낙하고 열심히 준비해야 한다. 무엇이든지 처음이 어렵지 경험이 쌓이면 자연스러워진다.

나 역시 처음 강연할 때나 방송할 때는 엄청 떨렸다. 미리 준비한 대본을 외웠지만 시작하는 날에 머리가 새하얘져서 생각나지 않았다. 그러자 급하게 대본을 보면서 외우려고 하는 자신을 발견하게 되었다. 그때 비로소 '아, 내경험이 담긴 스토리를 내가 외우려고만 했구나!' 하고 생각하니 씁쓸한 웃음이 지어졌다.

대본을 치운 후 내 스토리를 있는 그대로 독자들과 소통하니 훨씬 더 쉽고 자연스럽게 진행되었다. 방송도 마찬가지였다. 진행자의 질문에 있는 그대로 진술하게 답변했다. 그 결과 오히려 재미있고 화기애애한 분위기가 되어 실수 없이 한 번 만에 통과되었다.

이처럼 자신의 스토리를 담은 책을 쓰면 누구나 작가가 된다. 그 책을 읽고 강연요청이 들어오면 강연가로 나아갈 수 있다. 강연이 성공적이면 다른 강연으로 이어지고 컨설팅과 코칭을 할 수 있다. 그러면 1인 기업가로 나아갈 수 있는 길이 마련되는 것이다.

1인 기업이란 자신의 지식과 경험을 활용해 돈을 버는 것으로 메신저라고 할 수 있다. 1인 기업가는 직원이나 점포가 없어도 혼자서 운영할 수 있어 자금 부담이 없다. 앞으로 갈수록 1인 기업가들은 점점 더 늘어나고 있는 추세다.

1인 기업가의 대표적인 사람으로 공병호 경영연구소장, 조관일 미래창의연구소, 김난도 교수, 김정운 소장, 강헌구 소장 등을 들 수 있다. 그들은 모두 저술과 칼럼 기고, 강연 등을 통해 1인 기업가로서 활발하게 활동하고 있다.

이제는 안정되고 정년이 보장된 직장은 어디에도 없다. 많은 일자리들이 기계로 대체되면서 우리의 일자리는 점점 사라지고 있다. 2016년 1월 세계경제포럼에서는 인공지능과 로봇의 발전으로 2020년까지 500만 개의 일자리가 사라진다고 전망했다. 그런데도 회사만 바라보고 올인할 것인가?

직장에 충성하고 봉사하며 목매던 시대는 지나갔다. 지금이라도 다른 수입을 낼 수 있는 파이프라인을 구축해야 한다. 그 파이프라인의 밑거름이 되는 것이 바로 당신 이름으로 쓴 저서 한 권이다.

자신의 스토리를 담은 책을 쓰면 누구나 작가가 된다. 그 책을 읽고 강연요청이 들어오면 강연가로 나아갈 수 있다. 강연이 성공적이면 다른 강연으로 이어지고 컨설팅과 코칭을 할 수 있다. 저서는 당신을 독자에서 작가, 코치, 강연가로 인생 2막을 열어줄 유일한 길이다.

진짜 나의 본성을 발견하는 힘
와일드 이펙트

가슴 뛰는 삶의 주인이 되는 법

이 책의 저자는 자신이 찾은 행복한 인생의 비밀을 WILD라 는 단어 에 담아 냈 다. WILD는 Want, Imagine, Learn, Declare의 앞 글자를 조합한 것으로 WANT: 내가 하고 싶은 일을 원하고 좋는 삶, 가슴이 뛰는 삶, IMAGINE: 목표가 이루어졌을 때를 상상하는 즐거움, LEARN: 배움의 자세, DECLARE: 꿈을 이루기 위해 빠른 시일 내에 실현 가능한 단계적 목표를 세워 실천의 족쇄로서의 선언이다. 저자가 제시하는 실제 사례들과 제안들처럼 WILD하게 살다 보면 인생을 주도적으로 개척해 나가는 방법을 터득하게 될 것이며 일상을 소중하게 생각하고 내가 가진 것에 감사해하고 있는 자신을 발견하게 될 것이다.

유광선 지음 | 304쪽 | 신국판 | 값 15,000원

인생을 바꾼
바인더 독서법
& 글쓰기

꿈을 실현하고 인생을 바꾼 바인더 독서법과 책 쓰기!

이 책은 저자가 직장생활을 하면서 1,000권을 읽었던 노하우가 기록되어 있다. 3P 바인더를 사용하면서 놀라운 성과를 거둔 사례는 이미 학생들과 직장인에서 검증되었고 누구나 할 수 있으며 복제가 가능한, 하나의 시스템이라 할 수 있다. 독서와 글쓰기를 통하여 새로운 도전을 하고 싶거나 현재의 위치에서 한 단계 성장하고 싶다면 이 책을 읽고 실천해 보면 좋은 성과를 올릴 수 있을 것이라 확신한다. 세상이 열리고 미래가 보이기 시작할 때 여러분의 인생도 바뀌게 된다. 지금 당장 시작하지 않으면 안 된다.

유성환 지음 | 272쪽 | 신국판 | 값 18,000원